BURT FRANKLIN: BIBLIOGRAPHY & REFERENCE SERIES 462
Philosophy & Religious History Monographs 118

A BIBLIOGRAPHY OF WRITINGS ON VOLTAIRE

1825-1925

THE CHÂTEAU AT FERNEY
(*Photographed by the author*)

A CENTURY OF VOLTAIRE STUDY

A BIBLIOGRAPHY OF WRITINGS ON VOLTAIRE

1825-1925

BY
MARY-MARGARET H. BARR

BURT FRANKLIN
New York, N. Y.

Published by LENOX HILL Pub. & Dist. Co. (Burt Franklin)
235 East 44th St., New York, N.Y. 10017
Originally Published: 1929
Reprinted: 1972
Printed in the U.S.A.

Burt Franklin: Bibliography and Reference Series 462
Philosophy & Religious History Monographs 118

Reprinted from the original edition in the University of Pennsylvania
Library.

Library of Congress Cataloging in Publication Data

Barr, Mary Margaret Harrison, 1903-
A century of Voltaire study.

Original ed. issued in series: Publications of the Institute of French Studies.
1. Voltaire, Francois Marie Arouet de, 1694-1778—Bibliography. I. Title.
II. Series: Institut etudes francaises. Publications.
Z8945.B27 1972   016.848'5'09   75-170189
ISBN 0-8337-3969-7

CONTENTS

PREFACE

This bibliography is limited to books and articles about Voltaire and does not include editions of his works except that the critical material contained in certain editions has been noted. There are 1494 titles, exclusive of reviews, representing works in the English, French, German, Italian and Spanish languages, with a few scattering Dutch and Scandinavian references. All books and periodicals have been examined by the author except a very few inaccessible ones which have been marked by asterisks.

The classification of the material is for the convenience of those who may wish to use the bibliography. An effort has been made to keep it as simple as possible, and therefore all the correspondence has been grouped together instead of dividing it according to period or subject matter. Hence it will be necessary for one using this work to refer to the correspondence section as well as to the headings in which he may be especially interested.

The list of abbreviations is based on that used by Professor Gustave Lanson in his *Manuel bibliographique de la littérature française moderne* which is familiar to most students of French literature.

To Professor G. L. van Roosbroeck I gratefully acknowledge my indebtedness for his advice and encouragement in the preparation and publication of this bibliography. I am also deeply grateful to Miss Isadore G. Mudge, Reference Librarian of Columbia University Library, for her many valuable suggestions in the preparation of this manuscript, and to Miss Doris Reed, of the same library, for her kindness in reading the proofs. I wish also to thank Professor Norman L. Torrey of Yale University for his suggestions and his patience in reading the proofs. To M. Roland-

Marcel, Director of the Bibliothèque Nationale in Paris, I am grateful for facilitating my work there. Finally, I wish to express my appreciation of the courtesy and kindly coöperation shown me in the following libraries: Columbia University Library, Washington Square College Library of New York University, New York Public Library, Union Theological Seminary Library, New York Academy of Medicine Library, Vassar College Library, Princeton University Library, Yale University Library, Harvard College Library, Library of Congress, Johns Hopkins University Library, Peabody Institute of the City of Baltimore, Library of the British Museum, Library of the University of Toronto, and the Bibliothèque Nationale.

M.M.H.B.

INTRODUCTION

Anyone acquainted with the development and progress of Voltaire studies during the century of 1825-1925 will grant that there exists a need for a bibliographical survey of the material published about him during that time. Since the appearance of Quérard's *La France littéraire* about 1825, no attempt has been made to organize the great confused mass of studies that have been published in numerous periodicals and different languages on Voltaire's many activities. Nor has anyone tried even to list the imposing number of books and pamphlets that treat of one or another aspect of his works, philosophy, and influence.

The bibliography of Bengesco is wholly concerned with works by Voltaire and those attributed to him. Voltaire presents an important aspect of the XVIIIth century, and the studies which center on him have a general bearing on the history of ideas, the evolution of court procedure, and the changes in dramatic and other literary forms during his life and since his death. It is therefore important to apprehend as accurately as possible the status of Voltairean studies and research of the century following Quérard's death. Without such information it is obviously impossible to know what problems connected with his life, works or influence still await solution. Likewise one risks much duplication and needless research, and, what is still more regrettable, adherence to unwarranted statements and legends which have long since been disproved.

In the writings concerning this famous Frenchman there seem to exist several Voltaires: the Voltaire of the Freethinker, the Voltaire of the Catholic, and of the Protestant, Voltaire the sociologist and the paternalistic Voltaire. Critical estimates remain deeply tinged with the personal opinions and prejudices of their authors. But in spite of these unreal or exaggerated portrayals of Voltaire, there has been slowly evolved by patient research the real Voltaire, with all his virtues and defects, his contradictions and his inconsistencies. Through the ever-increasing volume of established fact one begins to perceive a Voltaire more nearly true to life.

It is hoped that the present classified bibliography of critical works on Voltaire may help to organize in part the many and rather disconnected discoveries made during the century following Quérard's death. Without claiming absolute completeness, for no bibliography should lay claim to such an honor, it aims to lay a foundation for further study of Voltaire, to give some idea of the evolution of Voltaire criticism, and to facilitate further inquiry into the manifold aspects of his life and works.

LIST OF ABBREVIATIONS

Academy—The Academy (London).
Allg Z—Allgemeine zeitung (München).
Alm U Gand—Almanach de l'Université de Gand.
Am Church R—American church review.
Am J Theol—American journal of theology.
Ann Ac LaRochelle—Annales de l'Académie de LaRochelle.
Ann Ac Macon—Annales de l'Académie de Macon.
Ann C H Comp—Annales du Congrès d'histoire comparée.
Ann F L Bordeaux—Annales de la Faculté des lettres de Bordeaux.
Ann I H—Annales internationales d'histoire.
Ann Med Hist—Annals of medical history (New York).
Ann Nobl France—Annuaire de la noblesse de France et des maisons souveraines de l'Europe.
Ann Ph Chrét—Annales de philosophie chrétienne.
Ann P L—Annales politiques et littéraires.
Ann S Em Ain—Annales de la Société d'émulation de l'Ain.
Ann S H France—Annuaire-bulletin de la Société de l'histoire de France.
Ann S Philot—Annales de la Société philotechnique.
Ann U Grenoble—Annales de l'Université de Grenoble.
Arch Frankfurt Gesch—Archiv für Frankfurts geschichte und kunst.
Arch Gesch Phil—Archiv für geschichte der philosophie.
Arch H—Archiv für das studium der neueren sprachen und literaturen.
Arch H Rhône—Archives historiques du Rhône.
Art J—The Art journal.
At R Ac Lucchese—Atti della reale accademia lucchese.
Athenaeum—The Athenaeum (London)
Atlantic—The Atlantic Monthly.

Bentley—Bentley's miscellany magazine.
Bibl Lorraine—La Bibliographie lorraine.
Bibl Univ et R Suisse—La Bibliothèque universelle de Genève et revue suisse.
Biologica—Biologica.
Blackwood's—Blackwood's magazine.

xv

Bookman—The Bookman (London).
Bookworm—The Bookworm.
Borghini—Il Borghini.
Brit Quar—The British quarterly review.
Bull Bibl—Bulletin du bibliophile et du bibliothécaire.
Bull F L Strasbourg—Bulletin de la Faculté des lettres de Strasbourg.
Bull H C Tr H—Bulletin historique du comité des travaux historiques.
Bull H Phil—Bulletin historique et philologique.
Bull It—Bulletin italien.
Bull S Arch Finistère—Bulletin de la Société archéologique du Finistère.
Bull S Arch H S-et-Aunis—Bulletin de la Société des archives historiques de la Saintonge-et-Aunis.
Bull S Arch Sens—Bulletin de la Société archéologique de Sens.
Bull S Arch Tours—Bulletin de la Société archéologique de Tours.
Bull S Belfort—Bulletin de la Société belfortaine d'émulation.
Bull S Ém Seine-Inf—Bulletin de la Société libre d'émulation du commerce et de l'industrie de la Seine-Inférieure (Rouen).
Bull S H Arch Charente—Bulletin de la Société historique et archéologique de la Charente.
Bull S H Arch Genève—Bulletin de la Société historique et archéologique de Genève.
Bull S H Art Fr—Bulletin de la Société de l'histoire de l'art français.
Bull S H France—Bulletin de la Société de l'histoire de France.
Bull S H Paris—Bulletin de la Société de l'histoire de Paris et de l'Ile-de-France.
Bull S H Pharmacie—Bulletin de la Société de l'histoire de la pharmacie.
Bull S H Pr—Bulletin de la Société de l'histoire du protestantisme français.
Bull S Sc A Réunion—Bulletin de la Société des sciences et des arts de La Réunion.

Carnet H—Carnet historique.
Cath Presb—The Catholic Presbyterian.
Cath World—The Catholic world.
Chr Méd—La Chronique médicale.
Chr Obs—Christian observer.
Cicerone—Der Cicerone.

Cité—La Cité (Bulletin trimestriel de la Société historique et archéologique des IIIe et IVe arrondissements de Paris.)
Ciud D—Ciudad de Dios (Madrid).
Civiltà C—La Civiltà cattolica.
Cl J—Classical journal.
Cœnobium—Cœnobium.
Com Arch Senlis—Comité archéologique de Senlis, comptes-rendus et mémoires.
Com V-Paris—Commission du Vieux-Paris, Procès-Verbaux.
Connoisseur—The Connoisseur.
Cornhill—The Cornhill magazine.
Correspondant—Le Correspondant.
C-R Ac Sc M P—Comptes-rendus des séances de l'Académie des sciences morales et politiques.
Critic—The Critic.
Cur Lit—Current literature.
Cur Opinion—Current opinion.

Deutsche R—Deutsche revue.
Deutsche Rund—Deutsche rundschau.
Dial—The Dial.
Drama—The Drama magazine.
Dublin R—The Dublin review.
Dublin U M—The Dublin university magazine.
D Z Kirchenrecht—Deutsche zeitschrift für kirchenrecht (Tübingen).

Eclectic—The Eclectic magazine.
Edinburgh R—The Edinburgh review.
English R—The English review.
Englishwoman—The Englishwoman.
Études—Les Études (Paris).
Euphorion—Euphorion.
Europe N—L'Europe nouvelle.

Feuilles H—Les Feuilles d'histoire du XVIIe au XXe siècle.
Figaro—Figaro.
Forsch Brand P Gesch—Forschungen zur brandenburgische und preussische geschichte (Leipzig).
Forsch Gesch Bayerns—Forschungen zur geschichte Bayerns.
Fortnightly R—The Fortnightly review.
Fraser's—Fraser's magazine.

G Dantesco—Il Giornale dantesco.
G Napole—Il Giornale napoletano.
G Storico—Il Giornale storico della letteratura italiana (Torino).

Galaxy—Galaxy.
Gaulois—Le Gaulois (Paris).
Gaz Beaux-Arts—Gazette des beaux-arts.
Gegenwart—Gegenwart (Berlin).
Gentleman's—Gentleman's magazine.
Grande R—La Grande revue.

H P B—Historische-politische blätter für die katholische Deutschland (München).
H Z München—Historische zeitung München.
Harper—Harper's magazine.
Hispania—Hispania.
H Monatsbl—Die Historische monatsblätter.
H Monatsbl Posen—Historische monatsblätter für die provinz von Posen.
Hohenz Jahrb—Hohenzollern-jahrbuch.

I Eccles Rec—Irish ecclesiastical record.
I Monthly—Irish monthly magazine.
Illustr Z—Illustrierte zeitung (Leipzig).
Independent R—Independent review.
Intermédiaire—Intermédiaire des chercheurs et curieux.

J Débats éd hebd—Le Journal des débats, édition hebdomadaire.
J Genève—Journal de Genève.
J Savants—Journal des savants.
J Suisse Horlog—Journal suisse d'horlogerie.
Jahrb D Shakespeare-Gesell—Jahrbuch der Deutschen Shakespeare-gesellschaft.
Jahrb Gesch Oldenburg—Jahrbuch für die geschichte des herzogthums Oldenburg.
Jahrb Nationalökon—Jahrbuch für nationalökonomie und statistik.
Jahrb Phil Fak Berlin—Jahrbuch der Philosophische fakultät Berlin.
Jahrb Phil Fak Köln—Jahrbuch der Philosophische fakultät Köln.
Jahrb Phil Fak Königsberg—Jahrbuch der Philosophische fakultät Königsberg.
Jahrb Phil Fak Leipzig—Jahrbuch der Philosophische fakultät Leipzig.
Janus—Janus (Harlem).

Knickerbocker—The Knickerbocker magazine.

Lamp—The Lamp.
Leuv Bijdragen—Leuvensche bijdragen.

Liberté P—La Liberté de penser.
Lit Echo—Das Literarische echo (Berlin).
Lit R—The Literary review.
Living Age—Littell's living age.
Livres N—Les Livres nouveaux.

M Chr Lit—Magazine of Christian literature.
M Est—Les Marches de l'est.
M Gesch W Juden—Monatschrift für geschichte und wissenschaft des judenthums.
M L Auslandes—Magazin für die literatur des in-und auslandes (Berlin).
Madras R—Madras review.
Mém Ac Caen—Mémoires de l'Académie de Caen.
Mém Ac Chablaisienne—Mémoires et documents de l'Académie chablaisienne.
Mém Ac Dijon—Mémoires de l'Académie de Dijon.
Mém Ac Marseille—Mémoires de l'Académie de Marseille.
Mém Ac Montpellier—Mémoires de l'Académie de Montpellier.
Mém Ac Nancy—Mémoires de l'Académie Stanislas (Nancy).
Mém S Ac Aube—Mémoires de la Société académique de l'Aube.
Mém S Agr Valenciennes—Mémoires de la Société d'agriculture, sciences et arts de Valenciennes.
Mém S Bourguign H G—Mémoires de la Société bourguignonne d'histoire et de géographie.
Mém S Ém C-du-Nord—Mémoires de la Société d'émulation des Côtes-du-Nord.
Mém S Ém Montbéliard—Mémoires de la Société d'émulation de Montbéliard.
Mém S L St-Dizier—Mémoires de la Société des lettres de St. Dizier.
Ménéstrel—Le Ménéstrel.
Mercure—Le Mercure de France.
Meth Quar R—Methodist quarterly review.
Mod Lang N—Modern language notes.
Mod Lang R—Modern language review.
Mod Phil—Modern philology.

N Amer R—North American review.
N Antol—Nuova antologia.
N Arch M—Nouvelles archives des missions scientifiques et littéraires.
N F Presse—Neue freie presse (Wien).
N Jahrb Kl Altert—Neues jahrbuch für das klassische alterthum.

N Jahr Ph Päd—Neues jahrbuch für philologie und päda-
gogik (Leipzig).
N Litt—Nouvelles littéraires.
N R Rétrosp—Nouvelle revue rétrospective.
N Rund—Neue rundschau (Berlin.)
Nation (Berlin)—Die Nation (Berlin).
Nation (London)—The Nation (London).
Nation (N.Y.)—The Nation (New York).
National—Le National (Paris).
National R—National review.
National Quar—National quarterly review.
Néophilologus—Néophilologus (Holland).
Neuphil Zentralbl—Neuphilologisches zentralblatt.
Neuer Sp—Die neueren sprachen.
New Englander—The New Englander.
New Monthly—Colburn's new monthly magazine.
New Republic—The New republic.
Nineteenth C—Nineteenth century.
N & Q—Notes and queries.
Nouvelle R—Nouvelle revue.
Nuestro T—Nuestro tiempo.

Öster Rund—Österreichische rundschau.
Once-a-Week—Once-a-week.
Open Court—The Open court.
Opinion—L'Opinion.
Outlook—The Outlook.

P M L A—Publications of the Modern language association
of America.
Pa M—Pennsylvania magazine of history and biography.
Pädag Archiv—Pädagogisches archiv und central organ für
die interessen des realschulwesens.
Pays Lorrain—Le Pays lorrain et le pays messin (Nancy).
Phil Positive—La Philosophie positive.
Ph Q—Philological quarterly.
Plume—La Plume.
Poet Lore—Poet lore.
Polybiblion—Polybiblion.
Pos Mém D É—Position des mémoires présentés à la
Faculté des lettres de Paris pour l'obtention des diplômes
d'études supérieures (Paris).
Preuss Jahrb—Preussische jahrbuch.
Proc R S Canada—Proceedings and transactions of the Royal
society of Canada (Ottawa).

Quar R—The Quarterly review.

Radical—Radical.
Rass Bibl—Rassegna bibliografica della letteratura italiana.
Rass N—Rassegna nazionale.
Rec Ac Tarn-et-G—Recueil de l'Académie de Tarn-et-Garonne.
Réf Écon—La Réforme économique.
Ren Lat—La Renaissance latine.
Réun S Beaux-Arts—Réunion des sociétés des beaux-arts des départements.
Révol Fr—La Révolution française.
R Alsace—Revue d'Alsace.
R Anthrop—Revue anthropologique.
R Art Dram—Revue d'art dramatique.
R Belge Numis—Revue belge de numismatique.
R Belge Phil H—Revue belge de philologie et d'histoire.
R Blanche—Revue blanche.
R Brit—Revue britannique.
R C C—Revue des cours et conférences.
R C Sc France É—Revue des cours scientifiques de la France et de l'étranger.
R Chrét—Revue chrétienne (Paris).
R Contemp—Revue contemporaine.
R Crit—Revue critique.
R D M—Revue des deux mondes.
R É Russes—Revue des études russes.
R Europ—Revue européenne.
R G Bruxelles—Revue générale de Bruxelles.
R G Clinique T—Revue générale de clinique et de thérapeutique (Paris).
R Gascogne—Revue de Gascogne.
R H—Revue historique.
R H L—Revue d'histoire littéraire de la France.
R H Lyon—Revue de l'histoire de Lyon.
R H Révol Fr—Revue historique de la révolution française et de l'empire.
R H Vaud—Revue historique vaudoise.
R H Versailles—Revue de l'histoire de Versailles et de Seine-et-Oise.
R Hebd—Revue hebdomadaire.
R Hollande—Revue de Hollande.
R Langues R—Revue des langues romanes.
R Latine—Revue latine.
R Lille—Revue de Lille.
R Ling Ph C—Revue de linguistique et de philologie comparée.
R Litt C—Revue de littérature comparée.
R Midi—Revue du Midi.
R Or Am—Revue orientale et américaine.

R P A Annual—Rationalist press association annual (London).
R Paris—Revue de Paris.
R Pédag—Revue pédagogique.
R Phil Fr—Revue de philologie française et de littérature.
R Philom—Revue philomatique de Bordeaux.
R Ph—Revue philosophique.
R P L—Revue politique et littéraire (revue bleue).
R Q H—Revue des questions historiques.
R Rétrosp—Revue rétrospective.
R Rhénane—Revue rhénane.
R S Sav Dép—Revue des sociétés savantes des départements.
R Savois—Revue savoisienne.
R Scien—Revue scientifique.
R Siècle—Revue du siècle.
R Sociol—Revue sociologique.
R Suisse Numis—Revue suisse de numismatique.
R U—Revue universitaire.
R U Midi—Revue des universités du Midi.
R XVIIIe S—Revue du dix-huitième siècle.
Riv Bibl—Rivista delle biblioteche e degli archivi.
Riv Europ—Rivista europea.
Riv Italia—Rivista d'Italia.
Romanic R—Romanic review.

Scots—Scots magazine (Perth).
Scribner—Scribner's magazine.
Semaine Rel—Semaine religieuse du diocèse de Paris.
Sewanee—Sewanee review.
Shakespeare—Shakespeariana, magazine published by New York Shakespeare society.
Sitz K Preuss Akad—Sitzungsberichte der Königliche preussischen akademie der wissenschaften (Phil-Hist Kl).
Soleil—Soleil (Paris).
Spectator—Spectator.
Stimmen—Stimmen der zeit.
St James' M—Saint James' magazine.
Suddeut Monat—Suddeutsche monatshefte.

Temple Bar—Temple bar.
Temps—Le Temps.
Theatre—Theatre.
Times Lit Sup—Times literary supplement (London).
Tinsley—Tinsley's magazine.
Tr Ac Reims—Travaux de l'Académie de Reims.
Tr Ac Rouen—Travaux de l'Académie de Rouen.
Tr Glasgow Arch S—Transactions of the Glasgow archæological society.

Tr R H S—Transactions of the Royal historical society (London).

Ueber Land M—Ueber land und meer (Stuttgart).
Unitarian R—Unitarian review.
Univ Cath—L'Université catholique; bulletin des facultés catholiques (Lyon).
Univers—L'Univers.
Unsere Zeit—Unsere zeit.

Velh Kl Monat—Velhagen und Klasing's monatshefte.
Vierteljahrs A Bücherk—Vierteljahrsschrift für angewandte bücherkunde.
Vragen D—Vragen van den dag.

Weissen Bl—Die Weissen blätter (Zurich).
Westermann Monat—Westermann's illustrierte deutsche monatshefte für das gesamte geistige leben der gegenwart.
Western—Western.
Westminster R—Westminster review.
Würt Land Gesch—Würtembergische vierteljahrshefte für landgeschichte.

Z Fr Engl Unt—Zeitschrift für französische und englische unterricht.
Z Fr Spr L—Zeitschrift für französische sprache und literatur.
Z Ges Staat—Zeitschrift für die gesamte staatswissenschaft.
Z Gesch Oberrheins—Zeitschrift für die geschichte des Oberrheins.
Z Kath Theol—Zeitschrift für katholische theologie.
Z Social Wirt—Zeitschrift für social-und wirtschaftsgeschichte.
Z Ver Volks—Zeitschrift des vereins für volkskunde.
Z Vergl L—Zeitschrift für vergleichenden literaturgeschichte.
Z W Theol—Zeitschrift für wissenschaftliche theologie (Zurich).
Zukunft—Zukunft.

A BIBLIOGRAPHY OF WRITINGS ON VOLTAIRE

I. BIBLIOGRAPHY AND BIBLIOGRAPHICAL STUDIES.

BELIN, J. P. Un éditeur français à Kehl au XVIIIe siècle: Beaumarchais et l'édition des œuvres de Voltaire. *R Rhénane* 3:364-68, mars 1923.　　　1

——Voltaire aux bords du Rhin (Séjour de Voltaire en Allemagne et les éditions publiées en Allemagne de ses œuvres de 1750 à 1755). *R Rhénane* 3:663-67, août-sept. 1923.　　　2

BENGESCO, Georges. Bibliographie des œuvres de Voltaire. Paris, Perrin, 1882-1890. 4 v.　　　3
Review by F. Brunetière. *R D M* 308:208-20, 1 nov. 1889.

——Notice bibliographique sur les principaux écrits de Voltaire ainsi que ceux qui lui ont été attribués. Paris. Imp. A. Quantin, 1882. 114 p. (Extrait du T.50 de l'édition des Œuvres complètes publiée par L. Moland, chez Garnier).　　　4

BENOÎT, A. (Notes sur des documents relatifs à Voltaire). *Ann S H France* 2¹:105-07, 1864.　　　5

BEUCHOT, A. J. Q. Exposé pour A. J. Q. Beuchot, plaignant en contrefaçon et partie civile contre M. Furne, libraire à Paris. Paris, Pillet aîne, 1835. 24 p.　　　6

Bibliographie Voltairienne. *Intermédiaire* 15:203, 253, 10,25 avril 1882.　　　7

BRUNETIÈRE, Ferdinand. Une nouvelle édition de la correspondance de Voltaire. *R D M* 3. pér. 38:457-68, 15 mars 1880.　　　8

CAMPARDON, E., ed. Voltaire: Documents inédits recueillis aux archives nationales. Paris, Moniteur du bibliophile, 1880. 190 p.　　　9

CAUSSY, Fernand. Inventaire des manuscrits de la bibliothèque de Voltaire conservée à la Bibliothèque impériale publique de St. Pétersbourg. *N Arch M* fasc 7, 1913. 96 p.   10

——Les reliques de Diderot et de Voltaire à Saint-Pétersbourg. *Figaro* 20 déc. 1913, suppl.   11

CHAMPION, E. Avis aux futurs éditeurs de Voltaire. *Révol Fr* 63:385-400, nov. 1912.   12

DEHN, Paul. Zur Voltaire-literatur. *M L Auslandes* 93:341, Mai 1878.   13

Édition des romans de Voltaire publiée par la Société typographique. *Intermédiaire* 48:54, 148, 201, 20, 30 juil., 10 août 1903.   14

Éditions originales de Voltaire et de Rousseau. *Intermédiaire* 10:616, 666-67, 25 oct., 10 nov. 1877.   15

Un exemplaire des œuvres de Voltaire à la Bibliothèque nationale. *Intermédiaire* 52:112, 307, 30 juil., 30 août 1905.   16

JORDAN, Leo. Die Münchener Voltairehandschriften. *Archiv H* 127:129-52, 336-70; 129:388-429; 131:347-83, 1911, 1913, 1914.   17

LOISELEUR, Jules. Les récents écrits sur Voltaire. *R Contemp* 94:49-62, 1 sept. 1867.   18

MAHRENHOLTZ, R. Nachlesen auf dem gebiete der Voltaire-literatur. *Z Fr Spr L* 5:178-205, 1883.   19

Les manuscrits de Voltaire à Ferney. *Intermédiaire* 65:594, 10 mai 1912.   20

Manuscrits de Voltaire en Russie. *Intermédiaire* 87:482, 615, 10 juin, 10-30 juil. 1924.   21

Manuscrits de Voltaire volés par La Harpe. *Intermédiaire* 36:576, 10 nov. 1897; 37:144, 30 juin 1898.   22

MINZLOFF, R., ed. Pierre le Grand dans la littérature étrangère. Publié à l'occasion de l'anniversaire deux fois séculaire de la naissance de Pierre le Grand d'après les notes de M. le Comte de Korff. St. Pétersbourg, I. I. Glasounow, 1872. 721 p. [Catalogue raisonné des Russica de la Bibliothèque impériale publique de St. Pétersbourg, I.]   23

New edition of Voltaire. *N & Q* 3. ser., 1:185, 8 Mar. 1862.   24

2

Papiers de Voltaire. *Intermédiaire* 49:954, 30 juin 1904.
25

PEIGNOT, Gabriel. Bibliothek Voltaires. *Vierteljahrs A Bücherk* 2:162-69, 1920.
26

POLÈS, Stéfan. Le dernier volume des œuvres de Voltaire. *N & Q* 3. ser., 7:335, 29 Apr. 1865.
27

QUÉRARD, J. M. Bibliographie voltairienne. Paris, Didot, 1842.
28

RITTER, Eugène. La bibliographie de Voltaire, par M. Bengesco, et quelques notes sur la correspondance de Voltaire, éditée par M. Moland. *Z Fr Spr L* 14:211-19, 1892.
29

Romans et contes de M. de Voltaire. *Intermédiaire* 14:390, 25 juin 1881.
30

ROOSBROECK, G. L. van. Additions and corrections to Voltaire's bibliography. *In* Notes on Voltaire. *Mod Lang N* 39:1-10, Jan. 1924.
31

SAKMANN, Paul. Die Voltaire-dokumente des Fonds Montbéliard der Archives nationales zu Paris. Stuttgart, Kohlhammer, 1900. (Sonderabdruck aus der *Würt Land Gesch* n.f. 9:98-116.)
32

SÜPFLE, Theodor. Ein Deutscher als vermeintlicher verfasser einer Voltaireschen schrift. *Z Verg L* n.f. 1:91, 1887-1888.
33

Sur les Mémoires secrets de Voltaire. *Intermédiaire* 1:86, 1 juin 1864; 11:613, 695, 755, 25 oct., 25 nov., 25 déc. 1878; 15:353, 25 juin 1882.
34

TRIBOLATI, Felice. L'ultimo volume delle opere di Voltaire. *Borghini* 3:532-39, set. 1865.
35

Le Voltaire illustré (periodical). *Intermédiaire* 21:137, 275, 10 mars, 10 mai 1888.
36

Voltaire: Notes upon an unrivalled collection of his éditions originales including many unrecorded issues, presentation copies, original holograph manuscripts and autographs (Henri Monod collection). Printed for G. Michelmore and Co., 1923.
37

Voltaire's editors. *N & Q* 7. ser., 3:8, 1 Jan. 1887.
38

II. GENERAL CRITICISM.

ABBOTT, L. F. Voltaire. *Outlook* 138:400-01, 12 Nov. 1924.
39

ANOT, M. A. Etudes sur Voltaire. Poitiers, Henri Oudin, 1864. 48 p.
40

ASCOLI, Georges. Voltaire. *In* Histoire de la littérature française illustrée, publiée sous la direction de Joseph Bédier et Paul Hazard. Paris, Larousse, 1924. 2 v. (*cf.* 2:71-77, 103-108.)
41
——Le roi Voltaire. *R C C* 26²:627-39, 15 juil. 1925. 42

AVIREY, Romée d'., pseud. (Comtesse de Lucay). Un dernier mot sur Voltaire. Paris, Charles Douniol, 1862. 171 p.
43

BARNI, Jules. Voltaire. *In* Histoire des idées morales et politiques en France au 18e siècle. Paris, Germer Baillière, 1865. 2 v. (*cf.* 1:211-349).
44

BAUDRILLART, Henri. Discours sur Voltaire mentionné par l'Académie française. Paris, Labitte, 1844. 118 p.
45

——Voltaire. *In*: Nouveau dictionnaire d'économie politique publié par Say et Chailley. Paris, Guillaumin et Cie. 1891. 2 v. (*cf.* 2:1179-82, suivi d'une bibliographie des œuvres de Voltaire qui intéressent l'économiste.)
46

BELLESORT, André. Essai sur Voltaire. Paris, Librairie académique Perrin, 1925. 387 p. Also in *R Hebd* 34¹: 515-46; 34²:22-56, 151-81, 285-317, 412-45; 34³:19-33, 159-76, 278-308, 410-27; 34⁴:36-52, 179-210, 296-323, 31 jan. -18 avril 1925.
47
Review by H. Bidou in *Ann P L* 85:116-17, 1925.

BÉRILLON, Edgar. Voltaire, discours prononcé à l'inauguration de la Loge "Voltaire," 7 déc. 1890. Paris, Bureaux de la Revue de l'hypnotisme, 1891. 35 p.
48

BERSEAUX, l'Abbé. La Voltairomanie. Laneuveville-devant-Nancy, chez l'auteur, 1865. 131 p.
49

BERSOT, Ernest. Etudes sur le XVIIIe siècle, études particulières. Paris, A. Durand, 1855. 359 p. (*cf.* p. 5-77).   50

BERTAUT, Jules. Voltaire. Paris, Société des éditions Michaud, 1910. 192 p. (La vie anecdotique et pittoresque des grands écrivains)   51

BERVILLE, Saint Albin. Notice sur Voltaire. . . Caen, chez Hardel, 1858. 32 p. (Extrait des *Mém Ac Caen* 1860, p. 141)   52

BOLIN, W. Voltaireliteratur. *Nation* (*Berlin*) 24:208, 29 dez. 1906.   53

BONALD, Louis G. A., vicomte de. Mélanges littéraires, politiques et philosophiques. Paris, Adrian Leclerc, 1852. 2 v. (*cf.* p. 3-16.)   54

BONTOUX, G. Louis Veuillot et les mauvais maîtres des XVIe, XVIIe, et XVIIIe siècles. Paris, Perrin, 1919. 275 p. (*cf.* p. 140-212.)   55

BOVIO, Giovanni. Voltaire : conferenza tenuta nel teatro dal Verme di Milano, il 30 maggio, 1878. Milano, Ufficio della Revista republicana, 1878. 31 p.   56

BRADFORD, Gamaliel. Bare souls : Voltaire. *Harper* 148 : 583-92, Apr. 1924.   57

BRANDÈS, Georg M.C. François de Voltaire, Kjøhenhavn, Glydendal, in Norsdick forslag, 1916-17, 2 v.   58
Reviews by Julius Moritzen, in *Nation* (*N Y*) 115:388, 11 Oct. 1922 and by H. Bousquet in *J Débats, éd. hebdom* 30¹:788-89, 4 mai 1923.

A brief sketch of the life and writings of M. de Voltaire, with an accurate account of the last moments of his life. London, J. Watson, [1841?]. 16 p.   59

BROUCKÈRE, Louis de. A propos de Voltaire. Bruxelles, H. Lamertin, 1893. 28 p.   60

BROUGHAM and VAUX, H. P. B. Lives of men of letters and science who flourished in the time of George III. Philadelphia, Carey & Hart, 1845. (*cf.* p. 42-49).   61
See Review in *Quar R* 76:62-98, *Brit Quar* 2:197-210, Aug. 1845 June 1845; *Westminster R* 23:384-450. March 1845.

BRUNETIÈRE, Ferdinand . . . Etudes sur le XVIIIe siècle. Paris, Hachette, 1911. 297 p. (*cf.* 1-145).   62

——Voltaire (MS. inédit de Brunetière avec introd. par Joseph Bédier). *R D M* 5. pér. 60:5-33, 324-42, 606-37, 1, 15 nov., 1 déc. 1910.   63

———Voltaire d'après les travaux récents. *R D M* 3. pér. 27:352-87, 15 mai 1878. 64

BUNGENER, L. F. Voltaire et son temps. Etude sur le 18e siècle. Paris, Cherbuliez, 1851. 2 v. 65
Review in *Chr Obs* 54:627-43, 1854.

C[ALCRAFT], J. W. Voltaire. *Dublin U M* 44:681-89, Dec. 1854. 66

CAMERON, Arnold Guyot. Voltaire. (Princeton dissertation) p. 1-7. 67

CHADWICK, J. W. Study of Voltaire. *Radical* 10:274-88, Apr. 1872. 68

CHALLICE, Mrs A. E. Heroes, philosophers, and courtiers of the time of Louis XVI. London, Hurst & Blackett, 1863. 2 v. (*cf.* 1:219-78) 69

CHAMPION, Edme. Voltaire, études critiques. 3 éd. Paris, A. Colin, 1921. 306 p. 70

CLARAZ, Jules. Voltaire et son œuvre, Conflans Honorine (Seine et Oise), Éd. de d'Idée libre, 1827. 28 p. 71

COBIANCHI, Lobovico. Discours sur Voltaire. s.l., [1880]. 15 p. 72

CROUSLÉ, Léon. La vie et les œuvres de Voltaire. Paris, Champion, 1899. 2 v. 73
Review by H. Chantavoine in *Correspondant* 197:178-86, 25 sept. 1899; and also by Delmont, Th. Le "Voltaire" de M. Crouslé. Paris, Sueur-Charrney, 1904. 95 p. (Extrait de la *R Lille*)

CUARTÍN. Manuel Blanco. Lo que queda Voltaire. Marticulos en respuesta a la impugnacion de T. M. Fioretti. Valparaiso, Imprenta del Mercurio, 1876. 116 p. 74

DAWSON, George. Shakespeare and other lectures. London, K. Paul, Trench and Co., 1888. 535 p. (*cf.* p. 269-80.) 75

DELAHACHE, Georges. Une calomnie de M. Brunetière. *R Blanche* 17:268-74, 1898. 76

DESNOIRESTERRES, Gustave. Voltaire et la société au XVIIIe siècle. 2 éd. Paris, Didier, 1871-76. 8 v. 77
Review by Caro, Elme. Voltaire et la société française au XVIIIe siecle, (6 serie) Voltaire et J.-J. Rousseau, par Gustave Desnoiresterres. *J Savants* 1874, p. 810-23.

[DOUCET, J.] Voltaire and his panegyrists. *Cath World* 27:688-96, 1878. 78

DUCLAUX, A. M. F., (Mme J. Darmesteter). The French procession. New York, T. F. Unwin, 1909. (*cf.* pt. 7, p. 56-64).   79

DUPONT-CHATELAIN, Marguerite. Les encyclopédistes et les femmes. Paris, H. Daragon, 1911. 169 p. (Voltaire, p. 132-69).   80

EDGAR, Pelham. Voltaire and his age. *National R* 58: 283-98, Oct. 1911.   81

ELST, Robert van der. La popularité de Voltaire, conférence prononcée au Comité justice-égalité de la Muette, le 19 fév. 1897. Paris, Imp. D. Fontaine, 1897. 32 p.   82

En marge (sur Voltaire). *Temps* 8 août 1907.   83

Un ermite en vacances. Voltaire, ennemi de Dieu, de la France et du peuple. Œuvre de propagande. Bordeaux, Typ. L. Coderc, 1875. 24 p.   84

ESPINASSE, Francis. Life of Voltaire, followed by bibliography by John P. Anderson. London, Walter Scott, Ltd., 1892. 208 p.   85

EVERETT, A. H. Private life of Voltaire. *In* Critical and miscellaneous essays. Boston, James Monroe & Co., 1845. 563p. (*cf.* p. 172-200). Reprinted from *N Amer R* 12:38-60, Jan. 1821.   86

FAGUET, Emile. Le dix-huitième siècle; études littéraires. Paris, H. Lecène et H. Oudin, 1890. 537 p. (Voltaire, p. 193-278).   87
   Review by Ferdinand Brunetière.   Le bilan de Voltaire.
   R D M 3. pér. 99:215-25, 1 mai 1890.

——L'époque de Voltaire (1730-1750). L'époque de Voltaire et Rousseau (1750-1778). *In* Histoire générale de la France, publiée par Ernest Lavisse et Alfred Rambaud. Paris, Colin, 1896. t. 7 (Le XVIIIe siècle) p. 699-725.   88

——Voltaire. 8 éd. Paris, Société française d'imprimerie et de librairie, [1885]. 237 p.   89

FORBES, Litton. Voltaire: his life and times. A lecture delivered before the Sunday lecture society, Nov. 16, 1884. A selection of lectures, etc. Selection 5. Published by the Sunday lecture society, 1888. 30 p.   90

FORSTER, Joseph. Some French and Spanish men of genius. London, 1891. (*cf.* p. 31-56).   91

FOURNEL, V. De Jean-Baptiste Rousseau à André Chénier, études littéraires et morales sur le XVIIIe siècle. Paris, Firmin Didot, 1886. 341p. (*cf.* p. 19-119).   92

FUETER, Ed. Die religion in geschichte und gegenwart. Tübingen, 1913. (*cf.* 5:1794-97).   93

G., H. (de l'Espérance du Peuple). La vérité sur Voltaire. Paris et Nantes, Libaros, 1873. 90 p. (Petites lectures du foyer chrétien).   94

GANDY, Georges. Voltaire d'après ses derniers historiens. *R Q H* 4:5-91, 1 jan. 1868.   95

GERUZEZ, Nicolas Eugène. Essai de littérature française, (temps modernes). 3 éd. Paris, Garnier, [1863]. (*cf.* 2:430-462).   96

GIBBS, Philip. Men and women of the French Revolution. London, Paul, Trench, Trübner & Co., Ltd., 1906. 390 p. (Philosophers, p. 42-52)   97

GINEK, Gabriel. Voltaire. Paris, Dubuisson & Cie, 1869. 15 p.   98

GONZALEZ-BLANCO, Edmundo. Voltaire. Su biografía.—Su caracteristica.—Su labor. Madrid, Editorial-America, 1918. 331 p.   99

HALDANE, E. S. Voltaire. *In* Encyclopedia of religion and ethics, ed. by James Hastings. New York, Scribner, 1922. (*cf.* 12:627-34).   100

HALE, Edward Everett. Lights of two centuries, artists, sculptors, prose writers, composers, poets and inventors. Boston, Little, Brown, 1887. 603 p. (*cf.* p. 161-74).   101

HALL, E. B. (S. G. Tallentyre, pseud.) The life of Voltaire. London, Smith, Elder, 1903. 2 v.   102

HALLAM, Arthur Henry. Remains in verse and prose. London, John Murray, 1869. 363 p. (*cf.* p. 332-40). 103

HAMLEY, Sir E. B. Voltaire. Edinburgh, Wm. Blackwood & Sons, 1878. 204 p. (Foreign classics for English readers: v 2)   104

HAREL, F. A. Discours sur Voltaire (proclamé devant l'Académie française). Paris, Typ. Firmin Didot, 1844. 36 p.   105

HARPER, George McLean. Masters of French literature. New York, Scribner, 1901. (Revolutionary analysis, p. 125-65).   106

8

HOLLAND, Frederick M. King Voltaire. *Open Court* 1: 6-9, 17 Feb. 1887.   107

HOUSSAYE, Arsène. Le Roi Voltaire, sa généalogie, sa jeunesse, ses femmes, sa cour, ses ministres, son peuple, ses conquêtes, son Dieu, sa dynastie. 2. éd. Paris, Plon, 1858. 432 p.   108

HUBBARD, Elbert. Voltaire. East Aurora, N. Y., The Roycrofters, 1904. 94 p. (Little journeys to the homes of great philosophers, v. 15, no. 3.)   109

INGERSOLL, R. G. Voltaire: a lecture. New York, C. P. Farrell, 1913. p. 177-248.   110

JORDAN, Leo. Voltairiana. *Arch H* 132:408-11, 1914.   111

KERVAN, Armel de, pseud. [Mirecourt, Eugène de]. Voltaire, ses hontes, ses crimes, ses œuvres et leurs conséquences sociales. Paris, Bray, 1877. 276 p.   112

KINON, Victor. Portraits d'auteurs. Bruxelles, Association des écrivains belges, 1910. 328 p. (*cf.* p. 309-19)
                                                         113

KLAVER, A. Voltaire. *Vragen* D 40:161-84, 1925.   114

KNOX, Alex A. About Voltaire. *Nineteenth C* 12:613-32, Oct. 1882.   115

KREITEN, Wilhelm. Voltaire, charakterbild [zweite vermehrte auflage.] Freiburg, Herder, 1885. 580 p.   116

L., H. Voltaire. *Ueber Land M* 72:854-55, 1894.   117

LACROIX, Paul, (Bibliophile Jacob, pseud.) Le XVIIIe siècle: lettres, sciences et arts. France 1700-1789. . . 2. éd. Paris, Firmin Didot, 1878. 560 p.   118

LANSON, Gustave. Histoire de la littérature française. 14. éd. Paris, Hachette, 1920. 1200 p. (*cf.* p. 648-52, 688-708, 756-772, 777-789).   119

——Voltaire. 2. éd. Paris, Hachette, 1910. 224 p. (Les grands écrivains français).   120
    Review by Chaumeix, André. Le philosophe de Ferney. J *Débats*. 13²:1028-30, 29 nov. 1906.

LA POUDROIE, Eugène. Voltaire und seine zeit. Berlin, Seemann, 1910. 70 p.   121

LEBROCQUY, Guillaume. Voltaire peint par lui-même, conférences . . . Bruxelles, Victor Devaux et Cie., 1868. 120 p.   122

9

LEIGH, Oliver H. G.   Voltaire, an appreciation of his character, genius, works. *In* Works of Voltaire done by craftsmen of the St. Hubert Guild. Akron, Ohio, 1901. v. 22.   123

LESCURE, M. de. Le vrai Voltaire d'après les documents publiés dans les dix dernières années. *Correspondant* n.s. 71 :1012-38, 25 juin 1877.   124

LILIENFEIN, H.   Was ist uns Voltaire.   *Lit Echo* 1909, p. 1102-03, 15 Apr.   125

LINTILHAC, E.   Supplément aux études littéraires. Paris, Hachette, 1892. (Essai sur Voltaire, p. 75-86).   126

LOFORTE-RANDI, Andrea. Voltaire. Nietzsche. Palermo, A. Reber, 1905. 359 p. (*cf.* p. 11-185).   127

LONGCHAMP, S. G. and WAGNIÈRE, J. L. Mémoires sur Voltaire et sur ses ouvrages. Paris, André Aimé, 1826. 2 v.
Review by Sainte-Beuve, C. A. Premiers Lundis. 2. éd. Paris, Michel Lévy Frères, 1875. 3 v. *cf.* 1:95-100

LUDWIG, Emil.   Genie und charakter: zwanzig männliche bildnisse. Berlin, E. Rowohlt, 1925. 281 p. (*cf.* p. 185-99.)   129

MACDONALD, Mrs. Frederika.   Studies in the France of Voltaire and Rousseau. London, Fisher Unwin, 1895. 254 p.   130

MÄHLY, J. Neues über Voltaire. *Deutsche R* 2 :251-54, Feb. 1902.   131

MAGGIOLO, Adrien. Voltaire. Paris, Société générale de librairie catholique, 1878. 127 p.   132

MAHRENHOLTZ, R. Voltaire im urteile der zeitgenossen. Oppeln, Eugen Franck's buchhandlung (Georg Maske), 1883. 95 p.   133

——Voltaires leben und werke. Oppeln, E. Franck, 1885. 208 p.   134

——Voltaire-Studien. Beiträge zur kritik des historikers und des dichters. Oppeln, Eugen Franck's buchhandlung (Georg Maske), 1882. 196 p.   135

MALDEN, Henry. Distinguished men of modern times. London, Charles Knight & Co., 1838. 4 v. (*cf.* 3 :303-10).   136

10

MANGOLD, Wilhelm. Voltairiana inedita aus den Königlichen archiven zu Berlin. Berlin, Wiegandt und Grieben, 1901. 91 p.   137
Review in *Archiv H* 23²:205-08.

MARTIN, Henri. Voltaire. *Liberté P* 8:1-40, 1851.   138

MARTIN, L. Esprit de Voltaire. Éd. spéciale pour la France, interdite pour l'étranger. Paris, Victor Lecou, 1855. 204 p.   139

MAYNARD, Abbé U. Voltaire, sa vie, ses œuvres. Paris, A. Bray, 1868. 2 v.   140

MELVIL-BLONCOURT, Suzanne. Histoire complète de la vie de Voltaire, pages extraites . . . de ses principaux biographies, etc. Neuchatel, Paris, Sandoz, 1878. 442 p.   141

MICHAELIS. Voltaires leben bis zum jahre 1750. Guben, F. Fechner, 1856. 44 p.   142

MORLEY, J. M., viscount. Voltaire. London, Chapman and Hall, 1872. 346 p.   143
Review in *Blackwood's* 111:270-90, March, 1872; *Fraser's* (n.s.) 5) 85:678-91, June, 1872; *Living Age* 113:131-46, 1872.

NARSY, Raoul. Un cours sur Voltaire. *J Débats* 32 pt. 1:201-02, 30 janvier 1925.   144

NEUBERT, Fritz. Die französischen versprosa-reisebrieferzählungen und der kleine reiseroman des 17. und 18. jahrhunderts. Supplementheft XI der *Z Fr Spr L* 1923.   145

NISARD, Désiré. Histoire de la littérature française. 13. éd. Paris, Firmin-Didot et Cie., 1886. 4 v. (*cf.* 4: 78-86, 136-45, 168-97, 357-89).   146

NOËL, Eugène. Voltaire. Paris, F. Chamerot, 1855. 464 p.   147

NORGA, Gustave. Voltaire, sa vie, ses œuvres, l'influence de ses idées. Paris, A. Ghio, 1878. 81 p.   148

ORDINAIRE, Olivier. Discours prononcé . . . dans la tenue du 15 mars 1878 de la R.·. L☐ .·. sincérité, parfaite union et constante amitié. Besançon, Imp. Ol. Ordinaire, [1878]. 8 p.   149

PARTON, James. Life of Voltaire. Boston, Houghton, 1881. 2 v. (Note: v. 1 contains list of publications relating to Voltaire and to his works, and list of works of Voltaire.) 150
Review by Joseph Freeman Clarke reprinted from the *Atlantic* of August 1881 in his nineteenth century questions. Boston and New York, Houghton Mifflin and Co., 368 p. *cf.* p. 235-69. Also reviewed by George Saintsbury in *Fortnightly R* 36:149-67, Aug. 1, 1881.

PINGAULT, Emile. Voltaire. Chicago, H. L. Green, 1900. 8 p. (Reprint from *Free Thought Magazine*, v. 24). 151

POMPERY, Edouard de. Voltaire, sa vie, son caractère, ses œuvres. Paris, Martin, 1880. 154 p. 152

——Le vrai Voltaire, l'homme, et le penseur. Paris, Agence générale de librairie, 1867. 489 p. 153

PONSONBY, Arthur and Dorothea. Rebels and reformers. London, Allen and Unwin, 1917. (*cf.* p. 152-76). 154

POPPER-LYNKEUS, Josef. Voltaire, eine characteranalyse, in verbindung mit studien zu ästhetik moral und politik. 3. unveränd. aufl. Dresden, C. Reissner 1905. 388 p. 155

RAMSAY, James. Voltaire. "innkeeper for Europe". *Gentleman's* 1890, p. 22-32, July. 156

RAVENEL, Jules, éd. Journal de la cour et de Paris depuis le 28 novembre 1732 jusqu'au 30 novembre 1733. *R Rétrosp* 2.sér.,5:5-50, 161-216, 367-418; 6:259-285; 7: 96-124, 1836. 157

RENARD, Georges François. Vie de Voltaire. Paris, Charavay frères, 1883. 256 p. [Bibliothèque d'éducation moderne]. 158

RICOTTI, E. Voltaire. *Rass N* 39:648-57, 1888. 159

ROBERTSON, J. M. Voltaire. London, Watts, 1922. 122 p. (Life stories of famous men). 160

ROCHE, Antonin. Histoire des principaux écrivains français. Paris, Delagrave, 1878. 2 v. (*cf.* 2:64-148). 161

ROMAIN-CORNUT. Discours sur Voltaire, envoyé au concours de l'Académie française. Paris, Perisse frères, 1844. 116 p. 162

ROSENKRANZ, Karl. Voltaire. *In* Gottschall, R. Neue Plutarch. Leipzig, 1874. 1:285-373. 163

12

ROUSTAN, M. Les philosophes et la société française au XVIIIe siècle. Paris, Hachette, 1911. 391 p.   164

ROUX-FERRAND, H. Voltaire, sa vie et ses œuvres. *Ann S Philot* 35:163-224, 1874   165

S. P. Voltaire et Faguet. *Temps* 23 sept. 1921.   166

SAKMANN, Paul. Ein beitrag zur Voltaires biographie. *H Z München* 1903, p. 250-77.   167

——Neuere Voltaireliteratur. *Süddeut Monat* 1910, p. 149-54, Jan.   168

——Voltaire und einige seiner neueren kritiker. *Beilage Z Allg Z* 18 Nov. 1897. nr. 261.   169

SCHACKFORD, Charles C. Voltaire. *Unitarian R* 33:495-512, June 1890.   170

SCHIRMACHER, Käthe. Voltaire, eine biographie. Leipzig, O. R. Reisland, 1898. 556 p.   171

SCHMIDT, Wilhelm. Der kampf um den sinn des lebens von Dante bis Ibsen. Berlin, Trowitzsch, 1907. 2 v. (*cf.* 1:189-335).   172

SHELLEY, M. W., and others. Voltaire. *In* Lives of the most eminent French writers. Philadelphia, Lea & Blanchard, 1840. 2 v. (*cf.* 2:26-125).   173

SNOW, M. S. Glimpses of Voltaire. *Western* n. s., 6: 101-11, March 1880.   174

SPEIDEL, Ludwig. Persönlichkeiten, biographisch-literarische essays. Berlin, Meyer & Jessen, 1910. 244 p. (*cf.* p. 31-44).   175

La statue de Voltaire érigée par lui-même. Paris, Douniol, 1867. 60 p.   176

STRACHEY, Lytton. Voltaire. *Athenaeum* 1919, 2:677-79, 1 Aug.   177

——Voltaire. *New Republic* 20:14-16, 6 Aug. 1919.   178

STRAUSS, D. F. Voltaire, sechs vorträge. Leipzig, Hirzel, 1872. 457 p.   179
  Review in *G Napole* 4:773-93, ott 1876 and by Vischer, F.T.v. Altes und neues. Stuttgart, Adolf Bonz, 1881-82. 3:77-106.

STROWSKI, Fortunat. Voltaire. *In* his Histoire des lettres. Paris, Société de l'histoire nationale et Plon-Nourrit et Cie., [1923]. 2 v. 2:393-404. (Hanotaux, Gabriel, ed. Histoire de la nation française, t. 13.)   180

SURAN, Théodore. Les esprits directeurs de la pensée française du Moyen Age à la Révolution. Paris, Schleicher frères & Cie, 1903. (*cf.* p. 125-42). 181

TALLENTYRE, S. G. The life of Voltaire. London, Smith, Elder & Co., 1903. 2 v. 182
  Review in *Cur Lit* 41:448, October 1906.

——Society in the time of Voltaire. *Cornhill* 93:168-84, February 1906; *Eclectic* 146:293-303, 1 Apr. 1906; *Living Age* 248:781-93, 17 Mar. 1906. 183

TURPIN DE SANSAY, L. A. Voltaire, sa vie, ses œuvres. 2. éd. Paris, E. Dentu, 1867. 173 p. 184

Two new appraisals of Voltaire. *Cur Opinion* 67:181-82, Sept. 1919. 185

VÉZINET, François. Autour de Voltaire, avec quelques inédits. Paris, Champion, 1925. 144 p. 186
  Review in *Times Lit Sup* 10 June 1926, p. 395.

VINET, A. Histoire de la littérature française au XVIIIe siècle. Paris, Sandoz & Fischbacher, 1875. 2 v. (*cf* 2: 1-121.) English translation, Edinburgh, 1854. 187

Voltaire. *Quar R* 135:331-73, Oct. 1873, reprinted in *Living Age* 119:707-31, 20 Dec. 1873; 240:264-72, 30 Jan. 1904. 188

——*Meth Quar R* 48:546-60, Oct. 1866. 189

Voltaire d'après le voyageur John Moore. *Révol Fr* 65: 449-54, nov. 1913. 190

Voltaire, his life and genius. *Dublin U M* 61:93-106, 168-87, Jan., Feb. 1863. 191

Voltaire peint par Goethe. *Intermédiaire* 11:321-23, 10 juin 1878. 192

WEBER, Georg. Voltaire. *Beilage z All Z* 1888 heft 1, p. 601-03, 618-19, 10, 11 Feb. 193

WEIGAND, Wilhelm. Essays: Voltaire, Rousseau, etc. München, H. Lukaschick, 1894. 323 p. (*cf.* p. 1-61). 194

WHEELER, J. M., and FOOTE, G. W. Voltaire: a sketch of his life and works, with selections from his writings, and portrait. London, Robert Forder, 1894. 88 p. 195

WIJCK, B. H. C. K. van der. Voltaire. Amsterdam, J. H. Gebhard & Co., 1868. 55 p. 196

14

III. BIOGRAPHY.

A. EARLY PERIOD, 1694-1734.

1. FAMILY AND NAME.

Anagram on Voltaire. *N & Q* 7. ser., 6:467, 5 Dec. 1888.   197

"Arouet" et "A rouer." *Intermédiaire* 16:450, 589, 10 août, 10 oct. 1883.   198

AUDIAT, Louis. Les Arouet en Saintonge. *Bull S Arch H S-et-Aunis* 4:80, 1883-1884.   199

BEAUCHET-FILLEAU, Henry, et CHERGÉ, Ch. de. Dictionnaire historique et généalogique des familles du Poitou. 2. éd. Poitiers, Oudin et Cie., 1891-1905. 3 v. (*cf.* 1:116-18, Arouet).   200

Bourdillon, pseudonyme de Voltaire dévoilé dès 1767. *Intermédiaire* 1:112, 1 juil. 1864.   201

CHARDONCHAMP, Guy. La Famille de Voltaire, les Arouet, avec tableau généalogique. Paris, La correspondance historique et archéologique, 1910. 64 p.   202

CLOGENSON, J., ed. Lettre à M. le rédacteur du "Nouvelliste de Rouen" sur la naissance de Voltaire, né à Châtenai le 20 février 1694. Rouen, Imp. de H. Rivoire, 1860. 3 p.   203

COURCY, Pol de. Voltaire, sa famille, son inhumation. Nantes, Imp. Vincent Forest et Emile Grimaud, 1882. 14 p.   204

Les enfants de Voltaire. *Intermédiaire* 50:618, 688, 30 oct., 10 nov. 1904.   205

Un frère de Voltaire. *Intermédiaire* 81:236, 315, 406-08, 20-30 mars, 10-30 avril, 30 mai 1920.   206

GAZIER, A. Le frère de Voltaire (1685-1745). *R D M* 5 pér., 32:615-39, 1 avril 1906.   207

Le lieu de naissance du père de Voltaire. *Intermédiaire* 20:224, 10 avril 1887.   208

15

17

3. EARLY TRAVELS.

BENGESCO, Georges. Voltaire et la Hollande (1713-1743). *R Paris* 19¹:794-820, 15 février 1912.   254

BERVILLE, St Albin. Les premières amours de Voltaire. *Ann S Philot* 23:121, 1861.   255

CLÉMENT-SIMON, G. L'exil de Voltaire à Tulle (1716). Limoges, Librairie limousine, 1891. 11 p.   256

FAGUET, Emil. Amours d'hommes de lettres. Paris, Société française d'imprimerie et de librairie, 1906. 503 p. (*cf*. p. 89-112 sur Pimpette Dunoyer.)   257

——Voltaire amoureux. *R Latine* 4:589-634, 25 oct. 1905.   258

First exile of Voltaire. *Temple Bar* 91:195-204, Feb. 1891.   259

FORESI, Mario. Un amore di Voltaire. *Riv Europ* 24: 99-105, 1 aprile 1881. (Pimpette)   260

GASTÉ, Armand. Voltaire à Caen en 1713: le salon de Mme d'Osseville; le P. de Couvrigny. Caen, Delesques, 1901. 32 p. (Extrait des *Mém Ac Caen* 1901, p. 248-77.)   261

GRAPPE, Georges. Le premier amour de Voltaire: Pimpette Du Noyer. *Opinion* 12:118-20, 2 août 1919.   262

GRIMAUD, H. Voltaire en Touraine. *Bull S Arch Tours* 12:269, 1899-1900.   263

HAWKINS, Frederick. Voltaire and Mlle du Noyer. *Theatre* n. s., 24:126-34, 1 Sept. 1894.   264

LOISELEUR, Jules. Voltaire au château de Sully, d'après des documents inédits. *R Contemp* 2. sér., 54 385-402 15 déc. 1866.   265

MARGRY, A. Un correspondant de Voltaire: le chirurgien Le Cat. *Com Arch Senlis* 4. sér. 9:313-22, 1906.   266

NOUET, Noël. Voltaire à Maisons. *Figaro Suppl litt* 24 nov. 1923.   267

PAILLERON, Marie Louise. Histoire de deux unions mal assorties. (Pimpette du Noyer et Voltaire). *R D M* 6. pér. 55:859-74, 5 fév. 1920.   268

PILON, Edmond. Un amour de jeunesse de Voltaire. *R P L* 48²:140-45, 30 juillet 1910.   269

——Sites et personnages. Paris, Bernard Grasset, 1912. 357 p. (Voltaire en Hollande, p. 173-99)   270

19

4. Voltaire and England.

B. MIDDLE PERIOD, 1735-1754.

I. CIREY AND MADAME DU CHATELET.

ASCOLI, Georges. Voltaire et la Marquise du Châtelet. *R C C* 25²:302-15, 31 mai 1924. 299

BELIN, J.-P. Une invitée de Voltaire à Cirey. *J Débats éd hebd* 20¹:700-01, 13 mars 1913. 300

BRAINE, Sheila E. Gabrielle Emilie, Marquise du Châtelet. Voltaire's marquise. *Englishwoman* 6:280-83, Dec. 1897. 301

CLARKE, Eliza. Voltaire and Mme du Châtelet at Cirey. *Nineteenth C* 3:1052-73, June 1878. 302

CLOGENSON, Jean. Voltaire, jardinier à Cirei . . . *Tr Ac Reims* 1859-60, p. 5-24. 303

DROYSEN, Hans. Die Marquise du Châtelet, Voltaire und der philosoph Christian Wolff. *Z Fr Spr L* 35:226-48, 1909. 304

——Das "Portrait de Mr. de Voltaire" von 1735 und 1756. *Z Fr Spr L* 34:293-300, 1909. 305

HAMEL, Frank. An eighteenth century marquise—a study of Emilie du Châtelet and her times. London, S. Paul & Co., [pref. 1910]. 384 p. 306
Review by W. D. Green in *Bookman* 39:51-52, Oct. 1910.

HAVARD, Jean Alexandre (d'Alvanès.) éd. Voltaire et Mme du Châtelet; révélations d'un serviteur attaché à leurs personnes, manuscrits et pièces inédites publiés avec commentaires, et notes historiques par Havard (pseud.) Paris, E. Dentu, 1863. 307
Review in *Dublin U M* 68:243-59, Sept. 1866 and *Living Age* 91:116-80, Oct. 20, 1866.

IMBERT, Hugues. Symphonie; mélanges de critique littéraire et musicale. Paris, Fischbacher, 1891. 178 p. (Rameau et Voltaire, p. 1-39.) 308

JAMESON, Anna M. Memoirs of the loves of the poets. Boston, Ticknor & Fields, 1857. 517 p. (Voltaire and Mme du Châtelet, p. 484-95). 309

LEDEUIL D'ENQUIN, Justin. La Marquise du Châtelet à Semur et le passage de Voltaire. Semur, Millon, 1891. 50 p. 310

LESCURE, M. de. Les femmes philosophes, le couvent de Voltaire: la Marquise du Deffand, Mlle de Lespinasse, la Baronne de Staal, la Marquise du Châtelet. *Correspondant* n. s. 77:683-726, 999-1038, 25 nov., 25 déc. 1878. 311

Madame du Châtelet. *Temple Bar* 95:75-84, May 1892.
312

La marquise du Châtelet un cochon (Incident). *Intermédiaire* 24:13, 178-80, 10 janv., 25 mars 1891.   313

McKnight, R. W. Voltaire, Shakespeare and billeting area 18. (A visit to Cirey and comment on literary influences of Voltaire and Shakespeare.) *Poet Lore* 31:604-15, Dec. 1920.   314

Noël, Georges. Une "primitive" oubliée de l'école des "cœurs sensibles", Madame de Grafigny (1695-1758). Paris, Plon et Nourrit, 1913. 399 p.   315
    Review by Georges Mangeot in *Bibl Lorraine* 1912-13, p. 162-66.

Piot, l'abbé. Cirey-le-Château, la marquise du Châtelet, sa liaison avec Voltaire. *Mém S L S-Dizier* 7:41-548, 1892, 1893, 1894.   316

Rema, Else. Voltaires geliebte. Ein lebensbild. Dresden, Carl Reissner, 1913. 212 p. (Marquise du Châtelet) 317

Thor, Werner. Die Marquise du Châtelet und Voltaire. *Velh Kl Monat* August 1914, 572-76.   318

W. Die göttliche Emilie. *N F Presse,* 5 nov. 1922. 319
See also no 257

2. Voltaire and the Courts.

Ascoli, Georges. Voltaire. L'expérience des cours. *R C C* 26¹:262-73, 15 janv. 1925.   320

Bascoul, Louis. Petites études d'un ignorant. Le comte de Tressan. *R Midi* 1906, p. 585-615, 660-89.   321

Bertaut, Jules. Voltaire chez la roi Stanislas (à la cour de Lunéville). *N Litt* 2. année no. 20, 3 mars 1923.
322

Boyé, Pierre. La cour de Lunéville en 1748 et 1749, ou Voltaire chez le roi Stanislas. Nancy, Imp. G. Crépin-Leblond, 1891. 84 p.   323

Buteau, Henry. Le cardinal Voltaire. *Nouvelle R* 80: 555-68, jan.-fév. 1893.   324

Campan, Jeanne L. H. Private life of Marie Antoinette. London, R. Bentley & Son, 1887. 452 p.   325

Caussy, Fernand. M. de. Voltaire gentilhomme ordinaire. *Mercure* 107:133-40, 1 janv. 1914.   326

Doumic, René. La carrière diplomatique de Voltaire. *R D M* 149:453-66, 15 sept. 1898. 327

Honneurs officiels qui lui furent rendus. *Intermédiaire* 48:723, 903, 20 nov., 20 déc. 1903. 328

Maugras, Gaston. La cour de Lunéville au XVIIIe siècle. Paris, Plon-Nourrit. 1904. 473 p. 329

Melot, J. Voltaire à Bruxelles, 1739. *R G Bruxelles* 91: 272-81, fév. 1910. 330

Merlet, Gustave. Le Roi Voltaire et la Reine Pompadour. *R Contemp* 2 sér. 4:275-304, 1858. 331

Nolhac, Pierre de. Voltaire et Madame de Pompadour. *Ren Lat* 3^1:450-66, 15 mars 1904. 332

Voltaire et M. de Marville. *Intermédiaire* 56:831, 898-99, 973-74, 10-30 déc. 1907; 57:75, 20 janv. 1908. 333

Wolff, H. W. Voltaire and King Stanislas. *National R* 19:381-400, May 1892. 334

3. Germany: Voltaire and Frederick the Great.

Arnheim, F. Gedichte des kronprinzen Friedrich an Voltaire. *Forsch Brand P Gesch* 2:199-200, 1889. 335

Bartholmess, Christian J. G. Histoire de l'Académie de Prusse depuis Leibniz jusqu' à Schelling, particulièrement sous Frédéric le Grand. Paris, M. Ducloux, 1850-51. 2v. (*cf.* 1:182-204). 336

Beaunier, André. Voltaire en Prusse. *R D M* 6. pér., 25:216-17, 1 janv. 1915. 337

Bénard, abbé V. Frédéric II et Voltaire. Paris, Douniol, 1878. 55 p. 338

Benoist, Charles. Le machiavélisme de l'Antimachiavel. *C-R Ac Sc M P* n. s. 84:506-24, déc. 1915; n. s. 85:19-39, 260-78, 330-58, jan.-mars, avril, 1916. Reprinted, Paris, Plon-Nourrit, 1915. 153 p. 339

Brandès, Georg. Voltaire en Frederik de Groote. *Vragen D* 26:956-79, 1911. 340

——Voltaire in seinem verhältnis zu Friedrich dem Grossen und J. J. Rousseau. Berlin, Marquardt & Co., [1909]. 78 p. 341

BROGLIE, Albert, duc de. L'Ambassade de Voltaire à Berlin. *R D M* 3. pér. 62:481-530, avril 1884.　　342

——Frédéric II et Louis XV d'après des documents nouveaux, 1742-44. Paris, Calmann Lévy, 1885. 2v. (2: 1-124, la mission de Voltaire à Berlin.)　　343
Reviews: *N Antol* 2. ser. 49:334-39, 15 gennaio 1885; *R Lille* 16:1107-25, oct. 1898.

——Frédéric II et Marie-Thérèse d'après des documents nouveaux, 1740-1742. Paris, Calmann Lévy, 1883. 2 v.　　344

——Voltaire avant et pendant la guerre de sept ans. Paris, Calmann-Lévy, 1898, 270 p.　　345
Reviews: Mézières, A. *Temps* 16 sept. 1898; Biré, E. *Univers* 18 oct. 1898; Faguet, Emile, *R P L* 35:116-20, 23 juil. 1898; Gebhart, Bruno, *Nation (Berlin)* 16:551-53, 24 juni 1899; A. L., *R Lille* 16:1107-25, 1898; also Hermann, Otto. Voltaire als Friedensvermittler. *Preuss Jahrb* 98:320-339, 1899. Sorel, Albert. Voltaire avant et pendant la guerre de sept ans, par le duc de Broglie. *J Savants,* déc. 1898, p. 701-712.

BROGLIO, Emilio. Frederico il Grande e Voltaire. *N Antol* 2. ser. 9:249-81, 667-725; 10:37-85, 15 maggio, 15 giugno, 1 luglio 1878.　　346

CAUSSY, Fernand, ed. La mission diplomatique de Voltaire (1743-45) d'après des documents inédits. *Grande R* 65:547-63, 10 fév. 1911.　　347

CHANDEMER, Félix. Voltaire, son ami le roi de Prusse et deux archévêques de Sens. *Bull S Arch Sens* 33:39-77, 1925.　　348

DESNOIRESTERRES, Gustave. Voltaire et Frédéric. *R Brit* 49:343-76, juin 1873.　　349

DISCAILLES, Ernest. Voltaire à la Cour de Frédéric II. Extrait d'un travail inédit sur Voltaire. *Alm U Gand* 1886.　　350

DROYSEN, Hans. Beiträge zur textkritik einiger werke Friedrichs des Grossen aus Voltaires handschriftlichen nachlasse. *Z Fr Spr L* 30:118-31, 1906.　　351

——Zu Voltaires letztem besuche bei König Friedrich. *Z F Spr L* 41:109-22, 1913.　　352

Frederick the Great and Voltaire. *New Monthly* 116: 475-85, Aug. 1859; *Living Age* 63:259-67, 29 Oct. 1859.　　353

GALATTI, G. Voltaire diplomatico e ciambellano. *Riv Italia* 6²:202-25, agosto 1903.　　354

25

26

C. FINAL PERIOD, 1755-1778.

1. FROM FREDERICK TO FERNEY.

29

Gisi, Martin. Französische schriftsteller in und von Solothurn. Eine historischliterarische untersuchung. Solothurn, Druck der Zeppelschen Buchdruckerei, 1898. 124 p. (*cf.* p. 30-36) 410

Gribble, Francis. Lake Geneva and its literary landmarks. Westminster, A. Constable & Co., Ltd., 1901. 352 p. (*cf.* p. 215-31). 411

Herpin, C. L. A., Perey, Lucien et Maugras, Gaston. La vie intime de Voltaire aux Délices et à Ferney. Paris, Calmann Levy, 1885. 546 p. 412
Review by E. Caro in *J Savants* 1885, p. 523-38, sept.

Honoré, Oscar. Histoires de la vie privée d'autrefois, avec un avant propos de M. Guizot. Paris, D. Giraud, 1853. 244 p. (Voltaire à Lausanne, p. 87-151). 413

Laugel, A. Voltaire in Switzerland. *Nation* (*NY*) 43: 412, 452, 518, 18 Nov. 2, 23 Dec. 1886. 414

Letonnelier, G. Voltaire et la Savoie. *R Savois* 1918, p. 30-41, 79-86, 120-27. 415

Maynial, E. Jacques Casanova chez Voltaire. *Mercure* 70:430-50, 630-45, 1, 15 dec. 1907. 416

Ménétrez, G. Voltaire et l'église de Belfort. *Bull S Belfort* 1873, p. 57. 417

Morf, Heinrich. Voltaire und das theater zu Genf. *Beilage z Allg z* 1886, 4:5249-51, 24 dez. 418

Neyremand, E. de. Séjour en Alsace de quelques hommes célèbres. Erasme, Voltaire, Alfieri, Delille, Casanova. Colmar, Ch: M. Hoffman, 1860. 114 p. (*cf.* p. 17-40). 419

Olivier, J. . . . Voltaire à Lausanne. Etudes d'histoire nationale. Lausanne, Marc Ducloux, 1842. 142, 36, 34, 308 p. 420

Read, John Meredith, Jr. Historic studies in Vaud, Berne et Savoy; from Roman times to Voltaire, Rousseau and Gibbon. London, Chatto and Windus, 1897. 2 v. 421

Voltaire à Lausanne. *Intermédiaire* 54:170, 471, 639, 10 août, 30 sept., 30 oct. 1906. 422

Voltaire's reply to the Senate of Geneva. *N & Q* 3. ser., 8:130, 12 Aug. 1865. 423

KRIEGSMANN, Georg. Voltaires beziehungen zu Turgot. Wandsbek, Puvogel, 1893. (Ext. from *Jahresbericht über das Gym zu Wandsbek,* 1893. p. 1-17.)   458

[LAUGEL A.] Francois Tronchin and Voltaire. *Nation* 61 :308-09, 31 Oct. 1895.   459

MADDELENA, Edgardo. Bricciche Goldoniane: (la visita di Voltaire.) Pitigliano, Paggi, 1898. 14 p.   460

MARCUS, Willy. . . . Choiseul und Voltaire. Ratibor, Königliches evangelisches gymnasium zu Ratibor, 1910. p. 3-30.   461

MAUGRAS, Gaston. La Duchesse de Choiseul et le patriarche de Ferney. Paris, Calmann Lévy, 1889. 191 p.   462

MORF, Heinrich. Aus dichtung und sprache der Romanen, Strassburg, 1903. 3 v. (Zwei sonderbare heilige, Voltaire und Pat. Adam, 1 :312-26)   463

MORGAN, John. Visit to Voltaire (extract from unpublished journal of Dr. Morgan written in 1764). *Pa M* 10 :43-50, 1886.   464

NARSY, Raoul. A Ferney, chez M. de Voltaire. *J Débats* 12 sept. 1921, p. 1.   465

New account of Voltaire at Ferney. *Living Age* 314: 801, 23 Sept. 1922.   466

NOËL, Eugène. Voltaire à Ferney. Rouen, D. Brière et Fils, 1867. 120 p.   467

PETER, Marc. Une amie de Voltaire: Madame Gallatin. Lausanne, Aux éd. S. P. E. S., 1925. (Collection Vieille Suisse)   468

[QUÉRARD, J. M.] Ferney-Voltaire. Ch. XCII de l'Ermite en Provence, de Jouy. Paris, Maulde et Renou, 1848. 27 p.   469

RISTELHUBER, P. Un touriste allemand à Ferney, 1775- Paris, I. Liseux, 1878. 35 p.   470

RITTER, Eugène. Voltaire et Mgr. Biord. *R Savois* 31 : 49-53, mars-avril 1890.   471

S., M. Chez Voltaire en 1771. *J Débats* 16 août 1921.   472

SAINTE-BEUVE, C. A. Causeries du lundi. 3. éd. Paris, Garnier, 1850—. 15 v. (Voltaire et le Président de Brosses, 7 :105-36.)   473

33

34

ALLIER, Raoul. Voltaire et l'affaire Calas. Paris, Stock, 1898. 56 p. 490

AVRAY, Maurice d'. Le Procès du chevalier de La Barre; un crime judiciaire et une erreur d'opinion, d'après les documents authentiques. Paris, Société du livre d'art, 1908. 123 p. 491

CALARY, Raoul. Les clients de Voltaire. Discours prononcé à l'ouverture de la Conférence des avocats le 26 décembre 1868. Paris, Imp. J. Claye, 1868. 96 p. 492

CHAMPENDAL, Edouard. Voltaire et les Protestants de France. Carouge-Genève, Impr. Moret et Schneider, 1919. 93 p. (Thèse présentée à la Faculté de théologie de l'Université de Genève). 493

CHASSAIGNE, Marc. Le Procès du Chevalier de La Barre. Paris, Librairie Victor Lecoffre, 1920. 273 p. (Thèse pour le doctorat-ès-lettres.) 494

COQUEREL, Athanase. Jean Calas et sa famille. Paris, J. Cherbuliez, 1858. 527 p. 495
Reviewed by Mark Pattison in *Westminster R* 1858 and reprinted in his Essays. Oxford, 1889. 2 v. 2:177-209.

CRUPPI, Jean. Un avocat journaliste au XVIIIe siècle. Linguet. Paris, Hachette, 1895. 398 p. 496

——Linguet et le procès du Chevalier de La Barre. *R D M* 4. pér., 128:123-57, 1 mars 1895. 497

DARDIER, Ch. Voltaire agissant en faveur des protestants en 1754. *Bull S H Pr* 32:528, 1883. 498

DARMSTADTER, Paul. Die hörigen im französischen Jura und Voltaires kampf für ihre freiheit. *Z Social Wirt* 1896, 4:343-75. 499

DARROW, Clarence S. How Voltaire fooled priest and king. Gérard, Kansas, Appeal to Reason [1921 ?]. (People's pocket series. no. 188). Includes: Ingersoll, R. G. The church in the time of Voltaire p. 29-39. 500

DUVAL, E. R. L'action exercée par Voltaire sur nos actions judiciaires. Discours prononcé par M. E. Raoul Duval. Rouen, 1867. 46 p. 501

ENDEMANN, Helmut. Voltaires reformatorischer einfluss auf das französische strafrecht und seine ausübung. Unter besonderer berücksichtigung des Calas'schen prozesses. Heidelberg, Braus, 1916. 148 p. (Thesis, Heidelberg.) 502

GALLAND, Elie. L'affaire Sirven, étude historique d'après les documents originaux avec une lettre préface de M. Faguet. Mazamet, chez l'auteur, 1911, 546 p.   503

GUYHO, Corentin. Ecrivains auxiliaires des avocats du XVIIe au XVIIIe siècle. Paris, Impr. Victor Goupy, 1867. 39 p. (Extrait de la *Conférence, Journal du jeune barreau*)   504

HERTZ, Eduard. Voltaire und die französische strafrechts-pflege im XVIII. jahrhundert. Stuttgart, Ferd. Enke, 1887. 530 p.   505

HUC, Théophile. Le procès Calas. *Correspondant* 35 :690-721, 25 fév. 1855.   506

Intervention et démarches de Voltaire en faveur du ministre Rochetle (1761). *Bull S H Pr* 4 :5-7, 1856.   507

KARMIN, Otto. Michel Servet et Voltaire. Lausanne, Administration de la libre pensée, 1908. 21 p.   508

LABAT, Léopold. Le drame de la rue des Filatiers (1761). Jean Calas, son procès, sa mémoire défendue par Voltaire et par la sœur Anne Julie (de la Visitation). Etude inédite sur documents authentiques. Paris, Picard, 1911. 110 p.   509

LABORDERIE, Pierre. Le Procès des serfs du Mont Jura. *Feuilles H* 2 :107-15, 1 août 1909.   510

MANGOLD, Wilhelm J. Bilder aus Frankreich. Marburg, N. G. Elwert, 1891. 168 p. (Jean Calas und Voltaire, p. 89-126).   511

RABAUD, Camille. La philanthropie de Voltaire. *R Chrét* 38 :848-58, 1891.   512

——Sirven, étude historique sur l'avènement de la tolérance. 2. éd. Paris, Fischbacher, 1891. 231 p.   513

RAOUL-DUVAL, E. De l'action exercée par Voltaire sur nos moeurs judiciaires. Discours prononcé à la Cour impériale de Rouen, audience solennelle de rentrée 4 nov. 1867. Rouen, S. Lecerf, 1867. 46 p.   514

RITTER, Eugène. Voltaire et le pasteur Robert Brown. *Bull S H Pr* 53 :156-63, 1904.   515

ROBERT, Henri. Les grands procès de l'histoire. Paris, Payot, 1924. 4 v. (Voltaire défenseur de Calas, 1 :149-85).   516

ROBERT, Léon. Voltaire et l'intolérance religieuse. Lausanne, Bridel, 1904. 213 p.   517

SAKMANN, P. Voltaire als kirchenpolitiker. *D Z Kirchenrecht* 15:1-65, 1905.   518

Voltaire and Dreyfus. *Nation* (*N Y*) 67:424-25, 8 Dec. 1898.   519

Voltaire et le supplice de Michel Servet. *Intermédiaire* 58:218, 550-1, 20 août, 10 oct. 1908.   520

Voltairiana (À Propos of the Chevalier de la Barre). *N & Q* 4. ser., 7:431; 8:54, 20 May, 15 July 1871.   521

4. VOLTAIRE'S RETURN TO PARIS IN 1778.

AMIABLE, Louis. Une loge maçonnique d'avant 1789. La R.·. L.·. les neuf sœurs. Paris, Alcan, 1897. 398 p.   522

——Voltaire et les neuf-sœurs (Loge maçonnique). *Révol Fr* 31:54-78, 97-122, 14 juil., 14 août 1896.   523

BŒSUCHET͡J, J. C. Précis historique de l'ordre de la franc-maçonnerie depuis son introduction en France jusqu'en 1829, suivi d'une biographie des membres de l'ordre . . . Paris, Rapilly, 1829. 2 v. (*cf.* 2:287-95).   524

Cantique en l'honneur de Voltaire (chanté le jour de sa réception dans la Loge des neuf soeurs). *Intermédiaire* 31:560, 20 mai, 1895.   525

CHARPENTIER, A. Voltaire et la franc-maçonnerie. *Nouvelle R* n.s. 21:126-132, 1903.   526

CHOULLIER, E. Voltaire et Franklin à l'Académie des Sciences. *Mem S Ac Aube* 1897. 7 p. Troyes. 1898.   527

HART, Ch. Henry and BIDDLE, Edward. Memoirs of the life and works of Jean Antoine Houdon, the sculptor of Voltaire and Washington. Philadelphia, printed for the authors, 1911. 341 p. (La Loge des neuf sœurs. Membership of Houdon, Voltaire, Franklin and Paul Jones, 155-72.)   528

Relation de la Fête solennelle célébrée le 7 avril 1878 par la R.·. ⸫ no. 6, le Mont-Sinai, avec le concours de plusieurs autres at.·. pour fêter le centième anniversaire de l'initiation maç.·. de Voltaire. Paris, Impr. Prissette, 1878. 32 p.   529

SCHERR, Johannes. Studien. Leipzig, 1865-66. (Voltaires krönung, Paris, 1778, 2:212-56).   530

Voltaire était-il franc-maçon? *Intermédiaire* 46:169, 303, 475, 10, 30, août, 30 sept. 1902.   531

WAGNER, H. L. Voltaire am abend seiner apotheose. Heilbronn, Gebr. Henninger, 1881. 19 p. (Deutsche literaturdenkmale des 18. jahrhunderts in neudrucken, herausgegeben von Bernhard Seuffert, no. 2.) 532

5. VOLTAIRE'S ILLNESSES, DEATH AND BURIAL.

ALDINGTON, Richard. Last days of Voltaire. *Nation (London)* 36:442-43, 20 Dec. 1924. 533

Anecdotes sur l'arrivée du corps de Voltaire à Scellières. *Intermédiaire* 87:912, 10 déc. 1924; 88:21, 10 janv. 1925. 534

BABEAU, Albert. L'Exhumation de Voltaire. Troyes, Dufour Bouquet, 1874. 11 p. 535

BERTHELOT. Les cercueils de Voltaire et de Rousseau au Panthéon, ouverts le 18 décembre 1897. *R Scien* 1 janv. 1891, p. 9-11. 536

——La sépulture de Voltaire et de J. J. Rousseau (au Panthéon). *J Savants* fév. 1898 p. 113-25. Also *R Scien* 5 mars, p. 289-94, and reprinted in his Science et Education. Paris, Soc. française d'imprimerie et de librairie, 1901. 384 p. 537

BOISSIER, Raymond. La mort de Voltaire (étude clinique rétrospective). Paris, Librairie médicale et scientifique Rousset, 1916. 76 p. (Thèse pour le doctorat en médecine) 538

The bones of Voltaire. *N & Q* 4. ser., 1:501-02, 587, 613, 30 May, 20, 27 June 1868. 539

BONNEFON, Paul. A propos des restes de Voltaire. *R P L* 45¹:208-12, 16 fév. 1907. 540

BUFFENOIR, Hippolyte. Les tombeaux de Rousseau et de Voltaire au Panthéon. Lettre adressée à M. Chaumié. Paris, 1904. 541

CABANÈS, Dr. Les indiscrétions de l'histoire. Paris, Albin Michel, 1924. 6 v. (Comment se soignait Voltaire, 6:115-61). 542

Les cendres de J. J. Rousseau et de Voltaire. *Intermédiaire* 23:453-55, 10 août 1890. 543

Cerveau de Voltaire. *Révol Fr* 63:544, déc 1912. (Ext. du *Petit Provençal*). 544

Le cervelet de Voltaire. *Intermédiaire* 1:56-62, 1 avril
1864; 3:8, 10 janv. 1866; 21:12, 10 janv. 1888; 87:
137-39, 230, 245-47, 337-40, 20-29 janv., 10 mars, 20-30
mars, 20-30 avril 1924.   545

CLARETIE, Georges. L'odyssée du cerveau et du cœur
de Voltaire. *Ann P L* 82:230-31, 2 mars 1924.   546

Le cœur de Voltaire, à la Bibliothèque nationale. *Intermédiaire* 18:389, 10 juil. 1885; 59:818, 30 mai 1909;
87:147, 10-29 fév. 1924.   547

(Communications relatives à la maison mortuaire de
Voltaire, à l'angle de la rue de Beaune et du quai
d'Orsay) (Hôtel de Villette). *Com V Paris* P. V.,
1904, p. 10-11.   548

Le corps de Voltaire a-t-il été expulsé du Panthéon par
la Restauration? *Intermédiaire* 58:391, 20 sept. 1908.
                                                          549

Les corps de Voltaire et de J-J. Rousseau sont-ils au
Panthéon? *J Débats* 31²:1001-02, 5 déc. 1924.   550

COTTREAU, Gustave, ed. Les cendres de Voltaire. Relation
de M. Favreau, maire de Romilly-s-Seine. *N R Rétrosp* 41²:289-307, 1897.   551

DAMILAVILLE, Edouard. Voltaire à Paris . . . avec notes;
Récit complet et détaillé de l'arrivée et du séjour de
Voltaire à Paris en 1778 . . . sa mort . . . l'histoire
posthume. Paris, Sandoz, 1878. 195 p.   552

Death of Voltaire. *N & Q* 3. ser., 7:211, 284, 466, 388,
11 Mar., 8 Apr., 6, 13 May 1865; 8. s., 12:185, 4 Sept.
1897.   553

Decapitation of Voltaire. *N & Q* 8. ser., 11:506, 26 June
1897; 12:69, 24 July 1897.   554

Une dent de Voltaire. *Intermédiaire* 11:358, 438, 25 juin,
25 juil. 1878.   555

Les dernières heures de Voltaire. *Intermédiaire* 62:165,
255, 10, 20 août 1910.   556

DORVEAUX, Dr. Paul. Le cervelet de Voltaire et les
Mitouart. Paris, Soc. d'histoire de la pharmacie, 1925.
20 p. (Extr. du *Bull S H Pharmacie,* nov. 1924-fév.
1925.)   557

Une étude sur la conservation des corps par un des
violateurs de la tombe de Voltaire. *Intermédiaire* 2:
232, 314, 25 avril, 25 mai 1865.   558

FRANTZ, G., ed. Trois lettres inédites de J.-J. Oberlin, (à M. Haillet de Couronne, ancien lieutenent criminel au présidial de Rouen, 28 pluv. An. III), de Dietrich (au commissaire civil à l'armée du Haut-Rhin, 2 nov. 1792), et du chevalier de Kéralis (19 juin 1778, annonçant au chancelier du duc de Deux Ponts la mort de Voltaire), *R Alsace* n.s. 7:461-64, 1878.   559

FRENZEL, Karl. Rokoko büsten und bilder. Berlin, Allgemeiner verein für deutsche literatur, 1895. 351 p. (Voltaires triumph und tod, p. 294-351.)   560

GANDY, Georges. Les dernières années de Voltaire. *R Q H* 20:560-65, 1 oct. 1876.   561

GROUCHY, Vicomte de. Extraits des Mémoires du Prince Emmanuel de Croÿ-Sobre. Paris, Techner, 1894. (Derniers moments de Voltaire, p. 10-17.)   562

HALLAYS, André. La maison où Voltaire est mort. *J Débats* 15 janvier 1904.   563

Heart of Voltaire. *Nation (London)* 32:313-15, 25 Nov. 1922.   564

HERVEY, C. Voltaire's last visit to Paris. *Living Age* 5. ser., 48:117-21, 11 Oct. 1884; *Eclectic* 103:621-25, 11 Oct. 1884.   565

Horrors of last days of Voltaire. *Chr Obs* 42:668-75, Nov. 1842.   566

JANIN, Jules, éd. Le dernier volume des œuvres de Voltaire: contes, comédie, pensées, poésies, lettres; œuvres inédites précédées du testament autographe de Voltaire du fac-simile de toutes les pieces relatives à sa mort et de l'histoire du cœur de Voltaire. Paris, Henri Plon, 1862. 436 p.   567

KELLOGG, Louise Phelps. Sur la translation des restes de Voltaire au Panthéon le 11 juillet 1791. *Révol Fr* 37:271-77, sept. 1899.   568

LACHÈVRE, Frédéric. Voltaire mourant, enquête faite en 1778 sur les circonstances de sa dernière maladie, publiée sur le manuscrit inédit et annotée par F. Lachèvre suivi de: le Catéchisme des libertins au XVIIᵉ siècle; les quatrains du déiste ou l'Anti-Bigot, à propos d'une lettre inédite de l'abbé d'Olivet; Voltaire et Des Barreaux. Paris, Champion, 1908. 208 p.   569

LAMBEAU, Lucien. L'hôtel du marquis de Villette, maison mortuaire de Voltaire. *Com V Paris* P. V. 1904, p. 231-87.   570

LECOQ, C. Turgot au Panthéon; un garant (Voltaire et Turgot). *Carnet H* 3:374-78, 1899.   571

Une maladie de Voltaire à Ferney. *R G Clinique T* 26 année, p. DCCLXIII, 5 oct. 1912.   572

Les madadies de Voltaire. *Intermédiaire* 40:433, 690, 771-73, 15 sept., 22 oct., nov. 1899.   573

MASI, E. Due diplomatici italiani e gli ultimi giorni di Voltaire. *N Antol* 3. ser., 31:437-66, 1 feb. 1891.   574

MAZZONI, Guido. Il teatro della rivoluzione: la vita di Molière e altri brevi scritti di letteratura francese. Bologna Zanichelli, 1894. 438 p. (La morte di Voltaire, edito nella *Vita Nuova* 26 maggio 1889, p. 409-17).   575

MONIN, H. La translation de Voltaire au Panthéon a-t-elle été un simulacre? *Révol Fr* 30:193-97, mars 1896.   576

La mort de Voltaire. *Intermédiaire* 6:74, 150, 217, 10 fév., 10 mars, 10 avril 1870; 68:761, 20 déc. 1913; 69: 22, 199, 10 janv., 20 fév. 1914.   577

P., Emile. La disparition des restes de Voltaire. *Figaro* suppl. litt., 15 mars 1924.   578

Le Panthéon et les cendres de Voltaire. *Intermédiaire* 14:321-24, 25 mai 1881; 23:453, 10 août 1890   579

POWER, Marguerite A. Heart of Voltaire living and dead. *Once-a-week* 1861, 4:63-71.   580

RASPAIL, J. Les cendres de Voltaire et de Rousseau se trouvent-elles au Panthéon? *Mercure* 176:289-339, 1 déc. 1924.   581

ROGER, Dr. Voltaire malade, étude historique et médicale. Paris, Marpon et E. Flammarion, 1883. 200 p.   582

SAGLIO, André. Le Panthéon voltairien. *R P L* 34²:821-23, 25 déc. 1897.   583

Les squelettes de Voltaire et de Rousseau. *R Ling P C* 2:187-88, 1878.   584

Talon de Voltaire. *Intermédiaire* 18:452, 536, 10 août, 10 sept. 1885.   585

41

La tombe de Voltaire a-t-elle été violée en 1814? *Intermédiaire* 1:7, 25-26, 42-44, 49-50, 57-59, 65-66, 71-73, 81, 97, 161-64, 15 janv., 15 fév., 15 mars, 1 avril, 1 mai, 1 juin, 5 juin, 20 août 1864.   586

Translation des cendres de Voltaire au Panthéon (1791). Enlèvement de deux cents aubes, provenant du dépôt des Petits-Augustins de la Reine Marguerite, pour la translation du corps de Voltaire 2 doc. publics. Déclaration signée par Le Noir, Champion, J.-J. Hardy, officier municipal. Paris, Impr. H. Fournier Ainé, 1834 (R Rétrospèctive ou Bibliothèque historique, t. 4). 587

VALLES, Charles de. La propriété du cœur de Voltaire, conférence faite au Palais littéraire le 22 nov. 1922. Paris, Librairie Cheronnet, 1922. 71 p.   588

Voltaire au Panthéon. *Intermédiaire* 55:775, 20 mai 1907.   589

Voltaire's death, (under title: Anonymous manuscript). *N & Q* 2. s. 4:203, 12 Sept. 1857.   590

What became of Voltaire's remains? *N & Q* 3. ser., 5: 277, 2 Apr. 1864.   591

D. GENERAL.

ASSIER, Alex., éd.. Pièces rares ou inédites relatives à l'histoire de la Champagne et de la Brie. Documents sur le XVIIIe siècle. Paris, Lechevallier, 1898. (Nouvelle bibliothèque de l'amateur champenois). (Voltaire à Cirey, etc., 13:7-21.)   592

AULARD, A. Voltaire professeur de mensonge. *R P L* 4. sér., 13:28-30, 6 janv. 1900.   593

BERSAUCOURT, Albert de. Etudes et recherches. 2. éd. Paris, Mercure de France, 1913. 445 p. (Les ennemis de Voltaire, p. 207-29).   594

BERTIN, l'abbé G. Voltaire professeur de mensonge. *R P L* 4. sér., 13:60-62, 13 janv. 1900.   595

BINAUT, L. A. Voltaire à l'Académie. *Correspondant* 7: 681-97, 1844.   596

BOISLILE, A. de. Voltaire et la censure. *Bull S H France* 9:106-11, 197-201, 1872.   597

BOULOGNE, Etienne A. de. Instruccion pastoral sobre la impresion de malos libros, y especialmente de las . . . obras . . . de Voltaire, etc. Puebla, Imprenta antigua en el Portel de las flores, 1839. 27 p.   598

Le Chirurgien de Voltaire. *Intermédiaire* 14:289, 10 mai 1881; 21:67, 10 fév. 1888. 599

CLARK, Barrett H. The Hôtel de Ranes. An XVIIIth century shrine. *Drama* 14:127-30, 155-65, 1924. 600

COURTAT, Félix. Défense de Voltaire contre ses amis et contre ses ennemis. Paris, A. Laine, 1872. 231 p. 601

COUSIN, J. Note sur l'hôtel de Voltaire, situé sur l'emplacement du no. 102 de la rue de Richelieu. *Bull S H Paris* 3:76-130, 1876. 602

DEPÉRY, l'abbé. Biographie des hommes célèbres du département de l'Ain. Bourg, P. F. Bother, 1835. 2 v. (*cf.* 1:127-66). 603

EYSSENHARDT, Franz. Voltaire und die Komnenen. *Zukunft* 28:459-61, 1899. 604

FOURNIER, August. Voltaire und sein arzt. *Öster Rund* 10:247-60, april 1907. 605

FUCORE, M. H. Voltaire, ses idées sur les embellissements de Paris. *Cité* 4:695-738, oct. 1909. 606

[GODKIN, E. L.] Voltaire in politics. *Nation* 26:370, 6 June 1878. 607

GOTTSCHALL, Rudolf von. Voltaire und das franzosenthum. *Unsere Zeit* 1870, 2:721-43. 608

GRÄTZ. Voltaire und die Juden. *M Gesch W Juden* 1868, p. 161-74, 201-23. 609

GRIGNE, M. Un secrétaire de Voltaire, Antoine Mailly de Château-Renaud. *Mém S Bourguign H G* 3:397-410, 1886. 610

GRIMM, Herman. Literature. Boston, Cupples, Hurd & Co., 1886. (France and Voltaire, p. 44-92) 611

HAAG, Friedrich. Voltaire und die bernische censur. *Arch Gesch Phil* 15:166-85, 1902. 612

Une habitation de Voltaire (à Paris). *Intermédiaire* 50: 277, 473, 639-42, 30 août, 30 sept., 30 oct. 1904. 613

JULLEMIER, H. Voltaire capitaliste. *R Paris* 12[8]:68-82, 1 mai 1905. 614

LÉOUZON LE DUC, L. A. Voltaire et la police; dossier recueilli à St. Pétersbourg, parmi les MSS français originaux enlevés à la Bastille en 1789. Paris, Bray, 1867. 265 p. 615

43

LORION, Louis. Voltaire homme d'affaires. *J Débats* éd
hebd 32¹:358-59, 27 Fév. 1925. 616

La maison de Voltaire pendant la Terreur. *Intermédiaire*
79:138, 241, 20-28 fév., 10-30 mars 1919. 617

MEINHARDT, Georg. Voltaire und seine sekretäre. Berlin, Ebering, 1915. 350 p. (Inaug. diss.) 618

MIGNARD. Voltaire et ses contemporains bourgignous.
Mém Ac Dijon 3 sér. 2:36-190, 1874. 619

MULLER, Daniel. Rentes viagères de Voltaire. Paris, Champion, 1920. 112 p. 620

NICOLARDOT, Louis. Ménage et finances de Voltaire. 3. éd.
Paris, Dentu, 1887. 2 v. 621
Review by Louis Ulbach in Ecrivains et hommes de lettres.
Paris, Librairie Internationale, 1863. 2 éd. 392 p. *cf.* p. 45-78.

Notes sur un hôtel que Voltaire avait fait construire à
Paris. *Bull S H Paris* 3:76, 130, 1876. 622

NOURY, J. Voltaire et la société rouennaise. *Bull S Ém Inf*
Exercice 1894-1895, p. 96-118. 623

OMONT, H. éd. Projet de saisie des papiers de Voltaire au
début du règne de Louis XVI. *R H L* 12:282-92, 1905.
624

ROCQUAIN. L'esprit révolutionnaire avant la Révolution,
1715-89. Une liste des livres condamnés. Paris, E. Plon,
1878. 542 p. 625

ROOSBROECK, G. L. van. Voltaire or the Abbé Alary? *In*
Notes on Voltaire. *Mod Lang N* 39:1-10, Jan. 1924. 626

STRAETEN, Edmond van der. Voltaire, musicien. Paris,
J. Bour, 1878. 299 p. 627

TALLENTYRE, S. G. (i.e., Hall, Evelyn B.) The Friends of
Voltaire. London and New York, Putnam, 1907. 303 p.
628

Voltaire et les elections académiques. *Intermédiaire* 36:
583-85, 10 nov. 1897. 629

Voltaire in London, Cirey, Potsdam, Ferney—death. *Dublin U M* 61:168-87, Feb. 1863. 630

Voltaire's church. (à propos of its desecration during the
French Revolution). *N & Q* 9. ser., 7:466, 15 June 1901.
631

IV. VOLTAIRE, THE WRITER AND THINKER

A. VOLTAIRE THE DRAMATIST,

BENGESCO, Georges. Les comédiennes de Voltaire. Paris, Perrin, 1913. 329 p.   632

BENOIST, Antoine. Des théories dramatiques de Voltaire. *Ann F L Bordeaux* 1881, p. 221-47.   633

BERNAC, Jean. Le drame lyrique et les opinions de Voltaire. *R Art Dram* 33:155-68, 1 fév. 1894.   634

BERRET. Conférence sur le théatre de Voltaire. *R Art Dram* 34:172-76, 1 mai 1894.   635

BOLIN, Wilhelm. Voltaires lustspiele. *Nation (Berlin)* 18:825-28, 28 sept. 1901.   636

——Voltaires tragödien. *Euphorion,* 14:481-489, 1907. 637

BONIEUX, B. Critique des tragédies de Corneille et de Racine par Voltaire: un essai critique. Clermont-Ferrand, Impr. Mont-Louis, 1866. 318 p.   638

BRÉDIF, L. Mélanges. Paris, Hachette, 1910. 299 p. (Les comédies de Voltaire, p. 1-16.)   639

BRUCE, Harold L. English adaptations of Voltaire's plays. *Mod Lang N* 32:247-48, Apr. 1917.   640

——Period of greatest popularity of Voltaire's plays on the English stage. *Mod Lang N* 33:20-23, Jan. 1918. 641

CAREL, George. Voltaire und Goethe als dramatiker. Berlin, R. Gaertner, 1889. 38 p.   642

COLIN, Franz. Examen des œuvres dramatiques de Voltaire: esquisse littéraire. Wien, 1887. 25 p.   643

COLLÉ, Charles. Correspondance inédite de Collé, etc. Paris, H. Plon, 1864. (Fragments des commentaires de Collé sur les meilleures tragédies de Voltaire, p. 347-53, 389-470.)   644

DESCHANEL, Emile. Le romantisme des classiques. 5. sér.
Le théâtre de Voltaire. Paris, C. Lévy, 1888. 444 p. 645
Reviews by: Brunetière, Fernand. Le théâtre de Voltaire.
R D M 3e p. 77:217-25, 1 sept. 1886; and by Lemaitre, Jules.
Impressions de théâtre, 2. série. 6. éd. Paris, Lecène Oudin et
Cie, 1888. p. 7-20.

FRIEDLAND, Nathan. Vergleich und metapher in Voltaires dramen. Marburg, Univ. buchdr., 1895. 45 p. 646

FUNCK-BRENTANO, Fr. Die Theater in Frankreich zur
zeit Corneilles, Racines und Voltaires. *Deutsche R*
28^1:349-61, März 1903. 647

GEOFFROY, J. L. Cours de littérature dramatique. 2. éd.
Paris, Pierre Blanchard, 1825. 6 v. (*cf.* 3:1-195). 648

HANICKA-ZULAWSKA, Casimire de. Les femmes dans le
théâtre de Voltaire. Berne, Scheitlin & Co., 1911. 104 p.
649

HAWKINS, Fred W. The French stage in the eighteenth
century. London, Chapman & Hall, ltd., 1888. 2 v.
(Voltaire and the French stage, v. 1.) 650

HEINECKE, D. Über Voltaires comédies larmoyantes.
Upolda, 1896. 8 p. 651

HERMANN, Gerhard. Voltaires dramatische arbeitsweise.
München, Erfurt, 1925. 56 p. Inaug-diss. zur erlangung
der doktorwürde einer Hohen philosophischen fakultät
(1. Sektion der Ludwig Maximilians universität.) 652

HOLZHAUSEN, P. Die lustspiele Voltaires. *Z Fr Spr L*
Sup. 3:1-152, 1884. 653

HUSSERL, M. Examen des tragédies de Voltaire. Fünf-
unddreissigster jahresbericht der K. K. I. staatsrealschule in II. bezirke in Wien für das schuljahr 1905-
1906. p. 306-64. 654

JOURDAIN, E. F. Dramatic theory and practice in France,
1608-1808. London, Longmans, Green and Co., 1921.
240 p. (*cf.* p. 61-64, 117-38). 655

JÜRGING, Heinrich. Voltaires dramatische theorien.
Münster, 1885. 73 p. (Dissert). 656

KOEHLER, Ludwig. Die einheiten des ortes und der zeit
in den trauerspielen Voltaires. Berlin, W. Gronau, 1900.
33 p. Also in Z Fr Spr L 23:1-33, 1901. 657

LANSON, Gustave. Esquisse d'une histoire de la tragédie
française. New York, Columbia univ. press, 1920. 155 p.
658

LEFEBVRE, Edmond. Le style des tragédies de Voltaire. *R Latine* 4:433-48, 25 juil. 1905. 659

LENIENT, C. F. La comédie en France au 18e siècle. Paris, Hachette, 1888. 2 v. (Voltaire auteur comique, 2:44-80.) 660

LINTILHAC, Eugène. La comédie, XVIIIe siècle. Paris, Flammarion, 1909. 488 p. (v. 4 of his Histoire générale du théâtre en France). 661

LION, Henri. Les tragédies et les théories dramatiques de Voltaire. Paris, Hachette, 1895. 477 p. 662
Review by Georges Pellissier in his Études de littérature contemporaine. Paris, Perrin, 1898. 2 v. 1:353-62.

LOTE, Georges. Voltaire et la déclamation théâtrale. *Mercure* 153:669-85, 1 fév. 1922. 663

MANNE, Edmond D. de, et MÉNÉTRIER, Ch. Galérie historique des acteurs français, mimes, et parodistes . . . pour servir de complément à la Troupe de Nicolet. Paris, Scheuring, 1877. 344 p. 664

MANNE, Edmond de, ed. Galérie historique des portraits des comédiens de la troupe de Voltaire gravés à l'eau forte . . . par Frédéric Hillemacher avec des détails biographiques . . . Lyon, N. Scheuring, 1861. 353 p. 665

MANTZIUS, Karl. History of theatrical art in ancient and modern times. Authorized translation by Louise von Cossel. Landon, Duckworth, 1903-21. 6 v. (The school of Voltaire, 5:252-305). 666

MORÉAS, Jean. Variations sur la vie et les livres. Paris, "Mercure de France", 1910. 316 p. (Voltaire et la tragédie, p. 298-314). 667

MÜNCH, W. Goethe als uebersetzer Voltairescher tragödien. *Arch H* 57:383-410, 1877. 668

OLIVIER, Jean-Jacques. Voltaire et les comédiens interprètes de son théâtre. Etude sur l'art théâtral et les comédiens au XVIIIe siècle, d'après les journaux, les correspondances, les mémoires, les gravures de l'époque et les documents inédits. Paris, Société française d'imprimerie et de librairie, 1900. 441 p. 669
Review by Emile Faguet in *R C C* 9¹:699-708, 21 fév. 1901.

OULMONT, Charles. Voltaire acteur et auteur. *Figaro* 25 avril 1920, supp. litt., p. 1. 670

ROWLANDS, Walter. Among the great masters of the drama. Boston, Dana Estes, 1903. 233 p. (Voltaire as an actor, p. 16-25). 671

SARCEY, Francisque. Quarante a..s de théâtre. Paris, Bibliothèque des Annales, 1900. 7 v. (*cf.* 3:281-304). 672

STEINBRÜCK, Franz. Voltaire als tragiker. Colberg, 1876. 26 p. 673

SCHÖNHAIL, Hans. Das problem der gnade und willensfreiheit bei Corneille, Racine und Voltaire. Marburg, 1913. 136 p. (Inaug. diss.) 674

STRACHEY, G. L. Tragedies of Voltaire. *Independent R* 5:309-19, April 1905. Reprinted in Books and characters. London, Chatto & Windus, 1921. p. 139-55. 675

TOLDO, Pietro. Attinenze fra il teatro comico di Voltaire e quello del Goldoni. *G Storico* 31:343-60, 1898. 676

Les tragédies de Voltaire jugées par Victor Hugo. *Intermédiaire* 14:193, 370, 25 mars, 10 juin 1881. 677

TRONCHON, Henri. "L' Esthétique" du théâtre allemand et les "règles" françaises, jugées par un Voltairien hongrois (Comte Fekete). *R Litt C* 5:60-88, janvier-mars 1925. 678

UNGER, Otto. Voltaires beurteilung Corneilles und seine eigenen dramatischen theorien und neuerungen. Crimmitschau, R. Raab, 1899. 679

VERNAY, L. Les comédiennes de Voltaire. *Soleil* 22 décembre 1913, p. 3. 680

I. VOLTAIRE AND SHAKESPEARE.

ADOLPH, Karl. Voltaire et le théâtre de Shakespeare. Soran, Rauert, 1883. 20 p. Wissenschaftliche beilage zum program des Gymnasiums zu Soran. 681

BALDENSPERGER, Fernand. Etudes d'histoire littéraire. 2. série. Paris, Hachette, 1910. 216 p. (*cf.* p. 155-210.) 682

BARETTI, Giuseppe. Discours sur Shakespeare et sur Monsieur de Voltaire. Per la prima volta ristampato nel testo originale 1777 a cura di Fr. Biondolillo. Lauciano, Carabba, 1911. 135 p. 683

BARINE, Arvède. Voltaire et Shakespeare. *J Débats* 10[1]:70-72, 7 janvier 1903. 684

BLAZE DE BURY, Henri. Tableaux romantiques de littérature et d'art. Paris, Didier, 1878. 431 p. (Voltaire et Shakespeare, p. 196-272). 685

DEJOB, Charles. La tragédie historique chez Voltaire et Shakespeare. *R C C* 7²:658-63, 15 juin 1899. 686

FAGUET, Emile. Voltaire critique de Shakespeare. *R C C* 9¹:1-11, 15 nov. 1900. 687

FINCH, M. B., and PEERS, E. A. Walpole's relations with Voltaire. (Dispute regarding Shakespeare). *Mod Philol* 18:189-200, Aug. 1920. 688

HAINES, C. M. Shakespeare in France. Criticism Voltaire to Victor Hugo. Oxford, Oxford Press, 1925. 178 p. (*cf*. p. 7-72). 689

HUMBERT, C. Voltaire, ein bewunderer Shakespeares. *N Jahrb Ph Päd* 134:328-35, 1886. 690

KOEHLER, Ludwig. Die einheiten des ortes und der zeit in den trauerspielen Voltaires. Berlin, W. Gronau, 1900. 33 p. 691

KÖNIG, Wilhelm, Jun. Voltaire und Shakespeare. *Jahrb D Shakespeare-Gesell* 10:259-310, 1875. 692

LACROIX, Albert. Histoire de l'influence de Shakespeare sur le théâtre française. Bruxelles, M. Lesigne, 1856. 350 p. 693

LESSING, G. E. Shakespeare and Voltaire compared, as to their use and management of preternatural machinery. *In* Drake, Nathan. Memorials of Shakespeare. London, Henry Colburn, 1828. 404 p. (*cf*. p. 280-86) 694

LOUNSBURY, T. R. Shakespeare and Voltaire. New York, Scribner, 1922. 463 p. 695
Reviewed by A. G. Canfield in *Atlantic* 90:712-14, Nov 1902; also other reviews in *Athenaeum* 1902, 2:849-50, 27 Dec. 1902; *Dial* 34:199-201, 16 Mar. 1903; *Academy* 64:7-8, 3 Jan. 1903.

Mazzini and Voltaire (à propos of Voltaire and Shakespeare). *N & Q* 11 ser., 5:328, 454. 27 Apr., 8 June 1912. 696

MORANDI, Luigi. Voltaire contro Shakespeare. Baretti contro Voltaire con otto lettere del Baretti non mai pubblicate in Italia. Roma, Sommaruga, 1882. 243 p. 697

B. VOLTAIRE THE HISTORIAN.

GANDAR, Eugène. Voltaire historien. *In* Lettres et souvenirs. Paris, Didier, 1869. 564 p. *cf.* p. 195-224.　　713

GRISWOLD, George Carter. Voltaire als historiker. Halle-a.-S., Wischau & Wettengel, 1898. 43 p.　　714

GUÉRARD, Albert. The "New history", H. G. Wells and Voltaire. *Scribner* 76:476-84, Nov. 1924.　　715

HAGMANN, J. G. Die Kulturhistorische bedeutung Voltaires. Hamburg, J. F. Richter, 1891. 38 p. (Sammlung gemeinverständlicher wissenschaftlicher vorträge von Rudolf Virchow und Wilhelm Wattenbach, 1892, n. f. 6 ser. heft 123, p. 69-106.)　　716

ISTRIA, Dora d'. Voltaire at the bar of history. *Pa M* 12:337-54, May 1881.　　717

*LOHRENGREL, Wilhelm. Voltaire und die fortschrittsidee in der geschichte. Leipzig, Phil diss. 30 nov. 1923. 63 p., typewritten.　　718

MAHRENHOLTZ, R. Clément von Dijon in seinem verhältnis zu Voltaire. *Z Fr Spr L* 9:48-58, 1887.　　719

—Voltaire als historiker. *Arch H* 62:31-52, 1879.　　720

MARTIN, Alfred v. Motive und tendenzen in Voltaires geschichtschreibung. *H Z München* 118:1-45, 1917.　　721

MAYR, Richard. Voltaire studien. Wien, 1879. 120 p. (Voltaire als historiker und als philosoph).　　722

MORF, Heinrich. Aus dichtung und sprache der Romanen. Berlin, Leipzig, K. J. Trübner, 1922. 3 v. (Voltaire und Bossuet als universal historiker, p. 300-11.)　　723

Pourquoi n'a-t-il pas écrit l'histoire de Russie? *Intermédiaire* 32:279, 501-04, 20 sept., 10 nov. 1895.　　724

PROESLER. Hans. Das problem einer entwicklungsgeschichte des historischen sinnes. Berlin, Ebering, 1920. 63 p. (Historischen studien, heft 142).　　725

RONIMUS, J. W. Voltaire som Peter den Stores histoireskrifvare. Diss. Helsingfors, 1890. 61 p.　　726

SAKMANN, P. Characterbilder aus Voltaires weltgeschichte. *Neur Spr* 14:577-98, 1907.　　727

——Die Probleme der historischen methodik und der geschichtsphilosophie bei Voltaire. *H Z München* 97:327-79, 1906.　　728

———Universalgeschichte in Voltaires beleuchtung. *Z Fr Spr L* 30[1]:1-86, 1906. 729

WINKELMANN, Therese. Studien zur entwicklung der allgemeinen staats-und gesellschaftsanschauung Voltaires. München und Leipzig, Duncken und Humblot, 1916. 72 p. (Staats-und sozial-wissenschaftliche forschungen, Heft 188.) 730

ZERFFI, G. G. Voltaire, in his relation to the study of general history from a philosophical point of view. *Tr R H S* 10:344-70, 1882. 731

C. VOLTAIRE THE NOVELIST.

ASCOLI, Georges. Voltaire. L'Art du conteur. *R C C* 26[2]: 619-26, 15 juil 1925. 732

BOLIN, Wilhelm. Voltaire als erzähler. *Nation (Berlin)* 13:714-15, 11 aug. 1906. 733

FAGUET, Emile. Les romans et contes de Voltaire. *R P L* 31[2]:620-25, 17 nov. 1894. 734

Philosophy of the romances of Voltaire. *Temple Bar* 80:91-110, May 1887. 735

PRICE, William Raleigh. The symbolism of Voltaire's novels with special reference to Zadig. New York, Columbia univ. press, 1911. 269 p. 736
   Review by Pietro Toldo in *Z Fr Spr L* 39:208-12, 1912.

TOLDO, Pietro. Voltaire conteur et romancier. *Z Fr Spr L* 40:131-85, 1912-1913. 737

Voltaire's romances and their moral. *Westminster R* 75: 363-80, April 1861; reprinted in *Living Age* 3 ser., 13: 387-97, 18 May 1861. 738

D. VOLTAIRE THE PHILOSOPHER.

AIYAR, K. Sundarama. The apostle of modern rationalism (Voltaire). *Madras R* 4:231-47, 340-54, Aug., Nov. 1898. 739

AKERLEY, J., compiler. Voltaire and Rousseau against the atheists; or, Essays and detached passages from those writers, in relation to the being and attributes of God. Selected and translated from the French by J. Akerley. New York, Wiley & Putnam, 1845. 131 p. (*cf.* p. 3-65). 740

Ascoli, Georges. L'état d'esprit philosophique de Voltaire avant le séjour en Angleterre. *R C C* 25²:16-27, 128-44, 15, 30 avril 1924. 741

——Etude sur la formation des idées et sur l'état d'esprit philosophique de Voltaire avant son séjour en Angleterre. *Pos Mém D É* juin 1906, p. 231-35. 742

——Voltaire. Le philosophe de Ferney. *R C C* 26²:153-67, 30 avril 1925. 743

Barni, Jules. Histoire des idées morales et politiques en France au XVIII siècle. Paris, Germer Baillière, 1865. 2 v. (*cf.* 1 :211-349). 744

Bartholmèss, Christian. Histoire critique des doctrines religieuses de la philosophie moderne. Paris, Ch. Meyrueis et Cie., 1855. 2 v. (*cf.* 1 :211-32). 745

Bates, William. Voltaire's infidelity. *N & Q* 3. ser., 8: 53-55, July 29, 1865. 746

*Becking, August. Voltaires stellung zum optimismus. Köln. Phil. Diss v. 19 Febr. 1921. 61 pp. typewritten MS. Abstract in: *Jahrbuch d Phil Fak Köln* 1920-21, p. 32-34. 747

Bernot. Voltaire et l'athéisme au XVIIIe siècle. *Pos Mém D É* 1906, p. 243-46. 748

Bersot, Ernest. La philosophie de Voltaire. Paris, Librairie philosophique de Ladrange, 1848. 332 p. 749

Blanc, Louis. Histoire de la Révolution française. Paris, Langlois, 1847-64. 12 v. (*cf.* 1 :352-422). 750

Bloch, L. La philosophie de Newton. Paris, Alcan, 1908. 643 p. (Bibliothèque de la Fondation Thiers, XIII). (Voltaire et Newton, p. 522-58). 751

Bonet-Maury, G. Voltaire et sa contribution au progrès religieux. *Cœnobium* anno 7, fasc. 9, p. 42, 30 settembre 1913. 752

Borgeaud, Charles. J. J. Rousseaus religionsphilosophie. Leipzig, 1883. 171 p. 753

Bornhausen, K. Das religiöse problem während der französischen Revolution bei Bayle, Voltaire, Rousseau. *H Z München* 105 :496-514, 1910. 754

Bouiller, Francisque. Histoire de la philosophie cartésienne. Paris, Durand, 1854. 2 v. (*cf.* t. 2, ch. 24). 755

BRADLAUGH, Charles, and others. Biographies of ancient and modern celebrated free-thinkers. Reprinted from an English work entitled "Half-hours with the free thinkers", by "Iconoclast", Collins and Watts. Boston, J. P. Mendum, 1877. (Essay on Voltaire by J. Watts, p. 95-109.)   756

BRAISE, F. Lecture de documents relatifs à la profession de foi catholique faite par Voltaire, le 15 avril 1769. *Mém Ac Chablaisienne* 33:xiii, 1922.   757

BRIGHTMAN, E. S. Lisbon earthquake; a study in Voltaire's religious valuation. *Am J Theol* 23:500-18, Oct. 1919.   758

BROU, Alexandre. Voltaire le pacifique. *Etudes* 148: 719-44, 20 sept. 1916.   759

CARRIÈRE, Moriz. Die kunst im zusammenhang der culturentwickelung und die ideale der menschheit. Leipzig, 1886. (Literatur und kunst zu 18. und 19. jahrhundert: Voltaire, p. 104-35).   760

[CEBALLOS, Fernando]. Juicio final de Voltaire con su historia civil y literaria y el resultado de su filosofia por el viajero de Lemnos. Sevilla, A. Izquierdo, 1856. 2 v.   761

CHARBONNAUD, Roger. Les idées économiques de Voltaire. Angoulême, M. Despujolo, 1907. 168 p. (Thèse pout le doctorat en droit).   762

CONSTANTINESCU-BAGDAT, Mme Elise. Etudes d'histoire pacifiste de Vauban à Voltaire. Paris, Presses universitaires de France, 1925. 464 p. (*cf.* p. 315-436).   763

COUSIN, Victor. Cours d'histoire de la philosophie morale au XVIIIe siècle. Paris, Ladrange, 1839. 3 v.   764

DELAVAILLE, Jules. Essai sur l'histoire de l'idée de progrès jusqu'a la fin du XVIIIe siècle. Paris, Alcan, 1910. 761 p. (*cf.* p. 304-46, and many scattered references.).   765

DELBOS, Victor. La philosophie française. Paris, Plon, 1921. 365 p. (*cf.* p. 153-68).   766

DULAC, Victor. The philosophy of Voltaire, 1711-26. Thesis M.A. Johns Hopkins U. 1908. 96 p. typewritten MS.   767

DUPRAT, Pascal. Les encyclopédistes, leurs travaux, leurs doctrines et leur influence. Paris, Librairie internationale, 1866. 196 p. 768

ELIE, Charles. Des opinions de Voltaire sur la religion et la philosophie. *Phil Positive* 5:208-27, 1869-70. 769

ERDMANN, Johann Eduard. Versuch einer wissenschaftlichen darstellung der geschichte der neueren philosophie. Leipzig, F. C. W. Vogel, 1840. 2 v. (*cf.* 2¹: 258-64). 770

ESPINAS, A. La troisième phase et le dissolution du mercantilisme (Mandeville, Law, Melon, Voltaire, Berkeley). *R Sociol* 10:161-80, 1902. 771

FAGUET, Emile. La Politique comparée de Montesquieu, Rousseau et Voltaire. Paris, Société française d' imprimerie et de librairie, 1902. 299 p. 772
Reviews by Ch. Dejob, *R Crit* n.s. 54:78-80, 28 juillet 1902; Eug. d'Eichthal, *R Crit* n.s. 54:107-11, 11 août 1902; G. Monod, *R H* 80:119-24, 1902; Eug. Rigal, *R Langues R* 5 s 7:331-32 1902; G. Lanson, *R U* 2 s. 2:244-48; 1902; Abbé Th. Delmont, *Univ Cath* 2 s. 2:629-31, 1902.

——La politique de Voltaire. *R C C* 10¹:49-57, 21 nov. 1901. 773

——Voltaire philosophe. *R C C* 9²:385-93, 9 mai 1901. 774

FREIDA, Ambrogio. Voltaire e la nuova vita. Roma, Sinemberghi, 1876. 12 p. 775

GÉRARD, A. La philosophie de Voltaire d'après la critique allemande. *R Ph* 3:441-69, 1877. 776

GILLIS, J. M. Champions of unbelief: Voltaire. *Cath World* 120:577-88, Feb. 1925. 777

GOUALARD, P. Le déisme dans la littérature française avant le traité de métaphysique de Voltaire. *Pos Mém D É* 1906, p. 284-91. 778

GUÉRARD, Albert Léon. French prophets of yesterday; a study of religious thought under the second empire. New York, Appleton & Co., 1913. 288 p. (*cf.* p. 101-08). 779

HAFFNER, Paul. Voltaire und seine epigonen. Eine studie über die Revolution. Frankfurt, 1884. (Frankfurter zeitgemässe broschüren. Neue folge. (*cf.* 5: 200-39). 780

55

HAISE, Karl Bruno. . . . Voltaires philosophie. Herne, C. Th. Kertenberg, 1906. 22 p.   781

HAVENS, George R. Nature doctrine of Voltaire. *P M L A* 40:852-62, Dec. 1925.   782

HENRIOT, Emile. Vauvenargues annoté par Voltaire. *Temps* 3 nov. 1925.   783

HERMANN, E. Voltaires pädagogische ansichten. *Pädag Archiv* 39:663-70, 1897.   784

✓ HOWES, S. O. Faith of Voltaire. *Nation* (*N. Y.*) 83: 138-39, 221, 283, 16 Aug., 13 Sept., 4 Oct. 1906.   785

HURN, Arthur Sydney. Voltaire et Bolingbroke. Etude comparative sur leurs idées philosophiques et religieuses. Paris, Jouve, 1915. 123 p.   786

KRANTZ, Emile. Essai sur l'esthétique de Descartes étudiée dans les rapports de la doctrine cartésienne avec la littérature française au XVIIe siècle. Paris, Germer Baillière et Cie., 1882. 376 p. (*cf.* p. 299-310).
                          787

KREITEN, Wilhelm, S. J. Voltaire, ein beitrag zur entstehungsgeschichte des liberalismus. Freiburg, Herder, 1878. 2 v.   788

*LAABS, Edith. Voltaire und die Encyclopädie. Berlin, 1920. 135 p. typewritten M.S. Abstract in *Jahrb Diss Ph Fak Berlin* 1919-20, p. 209-11.   789

LANFREY, P. L'Eglise et les philosophes au dix-huitième siècle. Paris, G. Charpentier, 1879. 370 p.   790

✓ LENOËL, L. Philosophie naturelle: esprit de Voltaire. Paris, E. Dentu, 1865. 354 p.   791

LEVY-BRUHL, L. Voltaire. *Open Court* 13:65-71, Feb. 1899.   792

MACDILL, D. Voltaire, the founder of the so-called "higher criticism". *M Chr Lit* 7:265-67, Dec. 1892.
                          793

✓ MARTIN, Henri. Voltaire et Rousseau et la philosophie du XVIIIe siècle. Paris, Publications illustrées, 1878. 119 p.   794

MARTINEZ. Faustino, O. S. A. El carácter moral de Voltaire. *Ciud D* 40:351-58, 524-33; 5 julio, 5 agosto; 41: 38-47, 5 sept. 1896.   795

MASMONTEIL, Ernest. La législation criminelle dans l'œuvre de Voltaire. Paris, Arthur Rousseau, 1901. Thèse. 796
Review in *Z Fr Spr L* 27:78-80, 1904.

McGIFFERT, Arthur Cushman. Protestant thought before Kant. New York, Scribner, 1911. 261 p. (*cf.* p. 243-47). 797

(MÉRAULT, l'abbé). Voltaire apologiste de la religion chrétienne. Par l'auteur des "Apologistes involontaires". Paris, Méquignon junior, 1826. 419 p. (Essay, p. 1-12; selected passages, p. 13-419). 798

MERTEN, Gotthold. Das problem der willensfreiheit bei Voltaire im zusammenhange seiner philosophie historisch-genetisch betrachtet. Wolfenbüttel, R. Angermann, 1901. 43 p. (Jena, Phil. diss.) 799

MESSAC, R. Caïn et le problème du mal dans Voltaire, Byron et Leconte de Lisle. *R Litt C* 4:620-52, oct. 1924. 800

MONGE, L. de. La philosophie de Voltaire. *R G Bruxelles* 27:864-92, juin 1878. 801

MONOD, Albert. De Pascal à Chateaubriand. Les défenseurs français du Christianisme de 1670 à 1802. Paris, Alcan, 1916. 607 p. (*cf.* p. 381-90, 427-40). 802

MOUSSINOT, abbé. Voltaire et l'église. Paris, Sandoz et Fischbacher, 1878. 65 p. 803
Review in *M L Auslandes,* 94:546-49, 1898.

MURRAY, Gilbert. Three old critics of war. *R P A Annual* 1918, p. 11-15. 804

NOSTITZ-RIENECKE, Robert von. Le triumvirat de la philosophie au XVIIIe siècle: Diderot, Rousseau, Voltaire. *Z Kath Theol* 24:37-61, 482-509, 594-643, 1900. 805

NOURRISSON, J. F. Voltaire et le Voltairianisme. Paris, P. Lethielleux, 1896. 671 p. 806

——Voltairianisme; ou la philosophie de Voltaire. *Correspondant* 139:122-49, 308-23, 873-902, 10, 25 avril, 10 mai, 10 juin 1885. 807

PELLISSIER, Georges. Voltaire philosophe. Paris, Armand Colin, 1908. 305 p. 808

A Philosopher without a philosophy. Reprinted from *Chambers Edinburgh Journal* in *Eclectic* 31:423-26, Mar. 1854. 809

PINZANI, F. L. Prove della immortalità dell'anima in confutazione del Signor di Voltaire. San Daniele, Ant. Biasutti, 1841. 32 p. 810

POGGIO, Carlo di. Dissertazione critica sulla digressione del Voltaire ne'principii della filosofia neutoniana. *At R Ac Lucchese* 5:215-31, 1827-28. 811

POPPER-LYNKEUS, Josef. Das Recht zu leben und die pflicht zu sterben. Social philosophische betrachtungen anknüpfend an die bedeutung Voltaires für die neuere zeit. 4. unveränd. aufl. im auftr. d. verf. hrsg. v. Margit Ornstein. Dresden und Leipzig, C. Reissner, 1903. 245 p. 812

POSTEL, Victor. Voltaire philosophe, citoyen, ami du peuple. Paris, J.-L. Paulmier, 1860. 172 p. 813

POUPIN, Victor. Les Homélies de Voltaire. Paris, Librairie de la bibliothèque démocratique, 1874. 2 v. 814

Qu'est-ce actuellement qu'un Voltairien? *Intermédiaire* 39:881, 15 juin 1899; 40:32, 119, 485, 877, 7, 22 juil., 22 sept., 22 nov. 1899. 815

RAE, William Fraser. Voltaire's favorite moralist. Marquis de Vauvenargues. *Temple Bar* 102:23-40, May 1894. 816

RILEY, Isaac Woodbridge. La philosophie française en Amérique de Voltaire à Cousin. *R Ph* 84:393-428, 1917. 817

RYAN, Rev. M. Infidelity in the eighteenth century. Voltairism. *I Eccles Rec* 7:51-68, Jan. 1900. 818

SAISSET, E. Renaissance du Voltairianisme, écrits de M. Michelet. *R D M* n.s. 9:377-408, 1 fév. 1845. 819

SAITSCHICK, Robert. Französischer skeptiker: Voltaire, Mérimée, Renan. Zur psychologie des neuen individualismus. Berlin, E. Hoffman, 1906. (*cf.* p. 1-156). 820

SAKMANN, Paul. Nationalökonomisches bei Voltaire. *Jahrb Nationalökon* 3. s. 34:482-518, 1907. 821

——Die probleme der historischer methodik und der geschichtsphilosophie bei Voltaire. *H Z München* 97: 327-79, 1906. 822

——Universalgeschichte in Voltaires beleuchtung. *Z Fr Spr L* 30:1-86, 1906. 823

——Voltaire als kirchenpolitiker. *D Z Kirchenrecht* 15: 1-65, 1905. 824

——Voltaire als kritiker der Bibel und des Christentums. *Z W Theol* 49:398-421, 494-571, 1906. 825

——Voltaire als philosoph. *Arch Gesch Phil* 18:166-215, 322-68, 1906. 826

——ed. Voltaire, ma philosophie. München, M. Hueber, 1924. 135 p. (Romanische bücherei nr. 3). 827

——Voltaire als politiker. *Z G Staat* 61:1-55, 1905. 828

——Voltaires geistesart und gedankenwelt. Stuttgart, Fromman, 1910. 383 p. 829
Reviewed by Wolfgang Martini in *Z Fr Spr L* 36:273-6, 1910.

Sée, Henri. Les idées politiques de Voltaire. *R H* 98:254-93, 1908. 830

Stephen, James F. Voltaire as a theologian, moralist and metaphysician. *Fraser's* 76:541-68, Nov. 1867. Reprinted in *Eclectic* 70:1-23, Jan. 1867; and in his Horae sabbaticae. 2nd series. London, Macmillan, 1892. p. 211-79. 831

Stephen, Leslie. History of English thought in the XVIIIth century. New York, Putnam, 1876. 2 v. 832

Strachey, Lionel. Voltaire cynic. *Lamp* 28:133-36, March 1904. 833

Taine, H. L'Ancien régime. Paris, Hachette, 1876. 553 p. (Les Origines de la France contemporaine, t. 1.) 834

Voltaire patriote. *R Rétrosp* 1889, 1:213 (juil-déc.) 835

Woodbridge, B. M. Voltaire and Saint-Simon. *Leuw Bijdragen* 1925, no. 2, p. 81-82. 836

Super, C. W. Voltaire and the French Revolution. *National Quar* 38:91, Jan. 1879. 837

Tornezy, Albert. La légende des philosophes: Voltaire, Rousseau, Diderot, peinte par eux-mêmes. Paris, Perren, 1911. 459 p. 838
see also no. 716, 722.

E. VOLTAIRE THE POET.

Ascoli, Georges. Voltaire. L'œuvre poétique. *R C C* 25²:417-28, 616-30, 15 juin, 15 juil. 1924. 839

Une définition de la poésie d'après Voltaire. *Intermédiaire* 5:531, 25 sept. 1869. 840

ELLISSEN, Adolf. Voltaire als politischer dichter darge-
stellt in einigen seiner kleineren zeitgedichte. Eine historische skizze. Leipzig, Otto Wigand, 1852. 94 p. 841

FAGUET, Emile. Comment Voltaire a conçu l'épopée.
R C C 9¹:481-89, 24 janv. 1901. 842

——Voltaire. Ses idées sur les genres épique et dramatique. *R C C* 8²:481-91, 31 mai 1900. 843

——Voltaire poète. *R C C* 9¹:37-47, 3 janv. 1901. 844

——Voltaire poète moraliste. *R C C* 10¹:145-55, 248-57,
385-93; 5, 10 déc. 1901, 9 janv. 1902. 845

——Voltaire poète psychologue. *R C C* 9²:529-37, 30
mai 1901. 846

LARROUMET, Gustave. Voltaire poète tragique. *R C C*
8²:105-13, 29 mars 1900. 847

LEGOUVÉ, Ernest. Dernier travail, derniers souvenirs.
Paris, Hetzel, 1898. 350 p. (Voltaire poète romantique,
p. 159-85). 848

NISARD, Désiré. La poésie au XVIIIe siècle: J.-B. Rousseau, Voltaire, A. Chénier. *R Europ* 13:451-73, 1861.
849

RUBINER, Ludwig. Der dichter Voltaires. *Wiessen Bl*
6:9-10, Jan. 1919. 850

F. VOLTAIRE THE SCIENTIST.

BAILEY, Pearce. Voltaire's relation to medicine. *Ann Med
Hist* 1:54-72, 1917. 851

BOIS-REYMOND, Emile du. Voltaire in seiner beziehung
zur naturwissenschaft. Festrede in der öffentlichen
sitzung der Königl. preuss. akademie der wissenschaften zur gedächtnissfeier Friedrichs II am 30. Ja-
nuar 1868 gehalten. Berlin, 1868. 30 p. 852

——Voltaire physicien, tr par Bauer. *R C Sc France É* 5:
537-44, 25 juil. 1868. 853

BORDAGE, Edmond. Deux précurseurs en biologie: Voltaire et Bernardin de St. Pierre. *Biologica* 1912, p. 135-
45, mai. 854

CAZES, J. Voltaire inventeur des tanks. *Mercure* 137:
405-514, 1 mars 1920. 855

Le chariot de guerre de Voltaire (une prétendüe invention de Voltaire). *Intermédiaire* 86:433, 566, 993, 20-30 mai, 20-30 juin, 20-30 déc. 1923. 856

FALLOT, Emmanuel. Voltaire et la géologie. *Mém S Ém Montbéliard* 40:213-224, 1911. 857

HERVÉ, G. L'Anthropologie de Voltaire. *R Anthrop* 18: 225-254, juil.-août 1908. 858

NOSTITZ-RIENECKE, Robert von. Voltaire und die tanks. *Stimmen* 96:258-60, 1918. 859

SAIGEY, Emile. Les sciences au XVIIIe siècle; la physique de Voltaire. Paris, 1873. 272 p. 860

SAVENEY, Edgar. Histoire des sciences. La physique et l'histoire naturelle de Voltaire. *R D M* 79:5-40, 302-36, 1, 15 janv. 1869. 861

SOURY, Jules. Etudes de psychologie: portraits du XVIIIe siècle. Paris, G. Charpentier, 1879. 330 p. (Voltaire physicien, p. 141-63). 862

G. VOLTAIRE'S STYLE.

ALDINGTON, Richard. Voltaire's advice to a reviewer. *Lit R* 4:480, 21 June 1924. 863

ASHBEE, H. S. Voltaire as a foreign writer in English. *Bookworm* 3:73-75, Feb. 1890. 864

BOUVY, Eugène. Voltaire et la langue italienne. *R Langues R* 39:49-69, 1896. 865

*DULAC, Victor. L'Esthétique littéraire de Voltaire. Thesis Ph. D. Johns Hopkins, 1920. MS. 866

FAGUET, Emile. Voltaire. Ses idées littéraires. *R C C* 8²:454-62, 24 mai 1900. 867

——Voltaire. Son éducation littéraire. *R C C* 8²:289-96, 3 mai 1900. 868

——Voltaire critique. *R C C* 8²:385-94, 17 mai 1900. 869

KASTEN. Voltaires orthographie. *Neuphil Zentralbl* 19: 358-62. Dez. 1905. (Hannover 1906) 870

KLING, Joseph O. Nichtakademische syntax bei Voltaire. Marburg, H. Bauer, 1905. 79 p. 871

Les livres dont Voltaire se servait pour écrire. *Intermédiaire* 18:254-56, 25 avril 1885. 872

MARINET, G. Notes de syntaxe. Particularité de langue de Voltaire. *R Phil Fr* 27:54-65, 1913   873

MILLER, Jean W. Voltaire's introduction of the spelling *ai* in such words as *français*. *Romanic R* 14:316-18, Oct.-Dec. 1923.   874

Orthographe de Voltaire. *Intermédiaire* 2:514, 10 sept. 1865; 9:204, 10 avril 1876; 56:887, 20 déc. 1907. 875

SAKMANN, Paul. Voltaire als aesthetiker und literarkritiker. *Arch H* 119:110-38, 383-98, 1907; 120:99-10, 1908.   876

SOURIAU, MAURICE. La langue de Voltaire, d'après sa correspondance. *R H L* 28:105-31, 279-88, 423-49, 1921.   877

TSCHAUDER, Rudolf. Fremdes sprachgut im worschatze Voltaires. Wortpfertzen, 1923. 102 p. Inaug-diss. 878

VERNIER, Léon. Etude sur Voltaire grammairien et la grammaire au XVIIIe siècle. Paris. Hachette, 1888. 261 p.   879

V[INSON,] J. Voltaire et les Basques. *R Ling Ph C* 44:88, 1911.   880

Vocabula amatoria; words, phrases and allusions occuring in the works of Voltaire and others. London, Privately printed, 1896. 268 p.   881

H. LITERARY RELATIONSHIPS, INFLUENCES AND OPINIONS.

BEAUNE, Henry. Un procès de presse au XVIIIe siècle: Voltaire contre Travenol. *Correspondant* 78:300-41, 25 avril 1869.   882

BÉCANIER, A. Parallèle de Voltaire et de Victor Hugo. Conférence faite au théâtre de Moulins sous les auspices de la municipalité, le 23 juin 1885. Moulins, Imp. F. Charmeil, 1885. 40 p.   883

BECKER, Carl. Brunetières kampf gegen Voltaire. *Z Fr Spr L* Ref u. Renz. 42:229-41, 1914.   884

BETTELHEIM, A. Voltaires anteil am text der Zauberflöte. *Deutsche Rund* 188:362-64, Sept. 1921.   885

BONHOMME, Honoré. Voltaire et la muse bretonne. *R Brit* 47:341-66, sept.-oct. 1871.   886

BONNEFON, Paul. Une inimitié littéraire au XVIIIe siècle, d'après des documents inédits. Voltaire et Jean-Baptiste Rousseau. *R H* 9:547-95, 1902.   887

BOSSERT, A. Goethe à l'école de Voltaire. *R P L* 57:232-6, 19 avril 1919.   888

BOUVY, Eugène. La critique dantesque au XVIIIe siècle: Voltaire et les polémiques italiennes sur Dante. *R U Midi* 1:295-334, juil. 1895.   889

——Voltaire et l'Italie. Paris, Hachette, 1898. 368 p.   890
Reviews: Emilio Bertano in *G Storico* 33:403-21, 1899; *R H L* 6:145, 1899.

BRAHM, Marcel B. Curiosités du Carnavalet d'après des documents inédits. Paris, Librairie française, 1920. 230 p. (*cf*. p. 26-31.)   891

CAUSSY, Fernand. Notes inédites de Voltaire. Remarques sur les mœurs. *Grande R* 82:432-49, 10 déc. 1913.   892

CHAUVIN, Paul. Un point d'histoire littéraire. Voltaire, Fréron et Mlle Corneille. *R U* 1902, 1:47-54, 15 janvier.   893

CLOGENSON, Jean. Des relations de Voltaire avec les Académies et en particulier avec l'Académie de Rouen. *Tr Ac Rouen* 1849, p. 207-24.   894

CORNOU, F. Trente années de luttes contre Voltaire et philosophes du XVIIIe siècle. Elie Fréron (1718-1776 Paris, Champion, 1922. 477 p.   895
Review by Paul Dudon in *Études* 171:567-83, 1922.

COURDAVEAUX, V. Un père de l'église précurseur de Voltaire. (Origène). *Nouvelle R* 23:111-29, 1883.   896

Cowper and Voltaire. *N & Q* 10. ser., 4:465, 9 Dec. 1905.   897

CRANE, R. S. Diffusion of Voltaire's writings in England, 1750-1800. *Mod Phil* 20:261-74, Feb. 1923.   898

DEBIDOUR, A. L'indianisme de Voltaire. *R Litt C* 4:26-40, Jan. 1924.   899

DELACROIX. Observations impartiales sur le rapprochement ingénieux des titres de Voltaire à la gloire et des torts de cet illustre écrivain. Paris, Delaunay, 1825. 32 p.   900

DELFOUR, abbé. Voltaire au couvent. *Univ Cath* n. s. 53:182-95, 15 oct. 1906.   901

DÜHRING, E. Voltaires spottender verstand als erste regung des eigenthichen modernen. *In* his Die grössen der modernen lit. Leipzig, C. G. Naumann. 1893. 1:115-54.
902

DURANT, Wm. James . . . Voltaire and the French enlightenment. Girard, Kansas, Haldeman-Julius Co., [1924]. 96 p. (Little blue book 512).
903

ESCOTT, Arthur. Did Voltaire and Goldsmith meet? *Theatre* 24:181-84, 1 Oct. 1894.
904

ESTRÉE, Paul d'. Un correspondant de Voltaire au Marais et à l'Arsenal (Thiériot). *Cité* 1910, p. 42-46.
905

FAGUET, Emile. Jugements particuliers de Voltaire sur plusieurs grands écrivains (notes d'après cours). *R C C* 9¹:97-106, 29 nov. 1900.
906

FARINELLI, Arturo. Dante e Francia dall' età media al secolo di Voltaire. Milano, Ulrico Hoepli, 1908. 2 v. (*cf.* 2:155-330).
907

——Dante et Voltaire. Berlin, Duncker, 1906. 116 p. (Sonderabdruck aus den studien zur vergleichenden literaturgeschichte 6:86-138, 166-227).
908

FASSINI, Sesto. Paolo Rolli contro il Voltaire. *G Storico* 49:83-98, 1907.
909

Fréron fils et Voltaire. *Intermédiaire* 57:389, 20 mars 1908.
910

GEBHART, E. Voltaire et Dante. *J Débats* 15 févr. 1899.
911

Gibbon and Voltaire. *New Monthly* 58:558-61, April 1840.
912

GIRAUD, Victor. Voltaire et les Encyclopédistes. *R D M* 7 pér. 23:882-917, 15 oct. 1924.
913

Goethe's festival. Voltaire's influence on Goethe. *Edinburgh R* 92:192-201, July 1850.
914

HAHN, Joseph. Voltaires stellung zur frage der menschlichen freiheit in ihrem verhältnis zu Locke und Collins. Borna-Leipzig, R. Noske, 1905. 52 p. (Diss. Erlangen, 1905).
915

HENRIOT, Emile. Le Franc de Pompignan et Voltaire. *Temps* 23 sept. 1924.
916

HERRMANN, Léon. Voltaire et les Lettres de Mme. de Sévigné. *R XVIIIe S* 1918, p. 33-37, jan.-juin. 917

HETTNER, H. Literaturgeschichte des achtzehnten jahrhunderts. Braunschweig, F. Vieweg 1856-64. (Geschichte der französischen literatur im 18. jahrhunderts, 2:144-249). 918

HOFFMAN, Arthur. Voltaires stellung zu Pope . . . Königsberg i.P., 1913. 95 p. Inaug. diss. 919

KNAPPERT, L. Les relations entre Voltaire et Gravesande. *Janus* 13:249-57, 1908. 920

KONT, J. Un correspondant hongrois de Voltaire: le comte Jean Fekete de Galantha (1741-1803). *Grande R* 1905, 4:237-59. 921

——Voltaire en Hongrie. *Ann C H Comp* 1900. 922

LENEL, S. Un ennemi de Voltaire: La Beaumelle. *R H L* 20:101-32, 1913; 21:641-75, 1914; 23:163-210, 1916. 923

LEVY-BRUHL, L. The Encyclopedists. *Open Court* 13:129-48, Mar. 1899. 924

——Voltaire. *Open Court* 13:65-71, Feb. 1899. 925

MAHRENHOLTZ, R. Voltaire und Grasset. *Z Fr Spr L* 8:36-42, 1886. 926

MARTIN, Henri. Mort de Voltaire et de Rousseau, mouvement des idées dans les années qui précèdent la Révolution française. *R Paris* 21:161-85, 15 avril 1854. 927

MAURIAC, François. Voltaire contre Pascal. *N Litt* 2. année, no. 36. 23 juin, 1923. 928

MERIVALE, H. Voltaire. Rousseau and Goethe. *Edinburgh R* 92:188-220, 1850. Reprinted in his Historical studies. London, Longmans, Green, 1865. p. 130-85. 929

MIRECOURT, E. de, (Jacquot, C. J. M.). La Queue de Voltaire. Mirecourt, Humbert, 1864. 406 p. 930

MORF, Heinrich. Aus dichtung und sprache der Romanen. Berlin, Vereinigung wissenschafter verleger, 1922. 3 v. (Lessings urteil über Voltaire, 3:156-91) 931

MURDOCH, J. Hume, Voltaire and Rousseau. *New Englander* 1:169-183, 1843. 932

MURET, Maurice. Un nouveau livre sur Voltaire: M. Georges Brandès et la France. *J Débats* éd. heb. 30¹: 668-71, 749-51, 13, 27 avril 1923. 933

NEUENSCHWANDER, Elise. Influence of Villon on Voltaire. Unpublished doctoral dissertation at Yale, 1913. 934

NISARD, Charles. Les ennemis de Voltaire. Paris, Amyot, 1853. 407 p. 935

OEFTERING, M. Die geschichte von der schönen Irene in der französischen und deutschen literatur. *Vergl L* 13:146-57, 1913. (no. 3. Voltaire und Ayrenhoff). 936

PINGAUD, L. Les précurseurs des études russes en France au XVIIIe siècle. *R É Russes* 1:48-53, 1899. 937

PROAL, Louis. Voltaire et la question d'Orient. *Grande R* 93:485-507. mai 1917. 938

RABANY, Ch. Carlo Goldoni. Le théâtre et la vie en Italie au XVIIIe siècle. (l'influence de Voltaire). Paris, Berger-Levranet et Cie. 1896. 429 p. 939

RENTSCH, Johannes. Lucianstudien. Plauen i. V., Wieprecht, 1896. (*cf.* p. 1-40) 940

ROOSBROECK, G. L. van. Quarrel of poets: Voltaire, Moncrif and Roy. *Phil Q* 2:209-23, July 1923. 941

SAKMANN, Paul. Voltaire als kritiker Montesquieus. *Arch H* 13:374-91, 1904. 942

——Voltaire über das klassische altertum. *N Jahrb Kl Altert* 15:569-87. 1905. 943

SCAFI, Arduino. Voltaire, Pezzana, Pecis. *Riv Bibl* 11: 97-103, luglio-set. 1900. 944

SCHIRMACHER, K. Der junge Voltaire und der junge Goethe. p. 357-84. 1905. 427 p. *In* Aus komanischer sprache und lit. Festschrift H. Morf. Halle, M. Niemeyer. 945

SCHUHMANN, J. Baretti als kritiker Voltaires. *Arch H* 69:460-72, 1883. 946

SCOTT, Ernest. Men and thought in modern history. Melbourne, Macmillan, 1920. 346 p. (Voltaire and freedom of thought. p. 15-28.) 947

Séjour de Buffon, de Voltaire, de Jean-Jacques Rousseau au château de Chenonceaux. *Intermédiaire* 37: 745, 30 mai 1898; 38:357, 510, 10 sept., 10 oct., 1898. 948

SICHEL, Walter. Bolingbroke and his times. London, James Nisbet & Co., Ltd. 1902. 619 p. (Influence of Bolingbroke on Voltaire).   949

SIMOND, Charles (pseud.) Les antivoltairiens. Fréron, etc. Paris, Henri Gautier, [1889]. 32 p. (Nouvelle bibliothèque populaire, no. 136).   950

SIRVEN, Paul. Voltaire et l'Italie. Etudes italiennes. *R P L* 4. sér., 12:385-95, 23 sept. 1889.   951

SPATZLER, Max. Der Abbé Desfontaines, ein kritiker des Voltaire. Leipzig, Druck von E. Glausch, 1904. 74 p. (Inaug.-diss.)   952

STROMBERG, Kjell, R. G. La tragédie voltairienne en Suède. *R H L* 23:107-19, 1916.   953

TAPHANEL, Achille, La Beaumelle à Copenhague. *R H L* 2:201-20, 1895.   954

TEXTE, Joseph. Jean-Jasques Rousseau et les origines du cosmopolitisme français. Paris, Hachette, 1895. 466 p. English translation, New York, Macmillan, 1899. 393 p.   955

THÉRIVE, André. Le Cas de Mme du Deffand et Voltaire. *Opinion*, 16:599-607, 2 fév. 1923.   956

TRÉVÉDY, J. Notes sur Fréron et ses cousins Royou. *B S Arch Finistère* 27:178-96, 220-41, 307-27, 1900; 28: 121-44, 154-63, 1901; 29:3-22, 1902.   957

VALPY, A. J. ed. Notice of Voltaire's Thoughts, remarks and observations. *Cl J* 31:387-91, 1825.   958

VANDAM, A. D. Voltaire and Gibbon. *Tinsley* 19:10-15, 1876.   959

Voltaire and Carlyle. *N & Q* 10. ser., 12:486, 18 Dec. 1909.   960

Voltaire as a scholar. *New Monthly* 141:324-32, Nov. 1867.   961

Voltaire et saint Jean-Chrysostome (literary uses). *Intermédiaire* 2:444, 355, 25 juin 25 juil. 1865.   962

Voltaire and "The Wife of Bath's Tale". *N & Q* 12 ser., 12:172, 418, 3 Mar., 26 May 1923.   963

WELLS, B. W. The age of Voltaire. *Sewanee* 3:129-56, Feb. 1895.   964

TAILLANDIER, St. René. La Suisse chrétienne et la philo-
sophie. Pages inédites de Voltaire et de Rousseau.
R D M 38:421-67, 15 mars 1862. Reprint, Genève,
Cherbuliez, 1862.   980

THOMAS, L. Genève, Rousseau et Voltaire, notes et con-
sidérations générales, extraits du *Journal de Genève*
(1735-78) avec notes complémentaires. Genève, Imprimerie du Journal de Genève, 1902. 32 p. (*cf.* p. 25-
28)   981

TOUCHARD-LAFOSSE, Georges. Chroniques de l'œil-de
bœuf : Voltaire et Rousseau. Paris, Jules Rouff, s. d.
144 p.   982

Voltaire and Rousseau. *N & Q* 5. ser., 10:224, 278, 21
Sept., 5 Oct. 1878; 10. ser., 7:326, 27 Apr. 1907; 8:77,
154, 27 July, 24 Aug. 1907; 11. ser., 11:447, 10 June
1911.   983

Voltaire et Rousseau jugés l'un par l'autre, pièces du
procès recueillies par Ch. Barthélemy. Paris, Blériot
frères, 1878. 236 p.   984
See also no. 341, 794.

V. CORRESPONDENCE

ADVIELLE, Victor, ed. Lettres et poésies inédites adressées à la Reine de Prusse, à la princesse Ulrique, à la margrave de Bayreuth, publiées d'après les originaux de la Bibliothèque royale de Stockholm. Paris, Librairie des bibliophiles, 1872. 70 p. (Cabinet du bibliophile) 985

ARAGON, V., ed. Dix lettres inédites de Voltaire à son neveu de La Houillière. *Mém Ac.Montpelier* 7. fasc. 2:421-32, 1883-84. 986

ASSE, Eugène, ed. Lettres de Mme de Graffigny suivies de celles de Mme de Staal, etc., sur leur séjour près de Voltaire. Paris, Charpentier, 1883. 504 p. 987

B., P. Un correspondant de Voltaire: Dominique, Lettres inédites. *R H L* 22:263-82, 1915; 23:269-90, 1916. 988

BATES, William, ed. English letter by Voltaire (transcribed from *Bazar, or Literary and scientific repository*, 1824, p. 355.) *N & Q.* 4. ser., 1:293, 28 Mar. 1868. 989

BAVOUX, E., et FRANCOIS A., ed. Voltaire à Ferney. Sa correspondance avec la Duchesse de Saxe-Gotha, suivie d'autres lettres. . . . Recueillies et pub. p. les éditeurs. Paris, Didier, 1865. 495 p. 990
Review by Sainte-Beuve, C. A. Causeries du lundi. 3. éd. Paris, Garnier, 185—. 15 v. *cf* 15:219-45.

BEAUNE, Henri. La correspondance de Voltaire. Lyon, Imp. Pitrat Ainé, 1884. 15 p. 991

BENOIT, David, ed. Ribaute-Charon, Voltaire et Rousseau (correspondance inédite.) *Rec Ac Tarn-et-G* 2. sér., 21:41-56, 1905. 992

BERSOT, Ernest. La correspondance de Voltaire. *R Paris* 37:356-75, 1 juin 1857. 993

BIAIS, Emile, ed. Lettre inédite de Voltaire au duc de Richelieu (Moland 50, lettre 10235). *Bull S H Arch Charente* 5. s. 2:303-309, 1878-79. 994

Bois, Louis du, ed. Lettre de Voltaire à M. de Formont datée du 21 nov. 1731 à Paris. *R Rétrosp* 2. sér., 7:317-19, 1836. 995

Bonnefon, Paul, ed. Quelques lettres inédites de Voltaire. *R U* 7¹:158-63, 1898. 996

Bourdin, Dr., ed. Une lettre inédite de Voltaire (adressée à Jeanmaire trésorier de la régence, à Montbéliard, datée du 17 octobre 1772, et relative aux affaires d'argent de Voltaire avec le duc de Wurtemberg). Besançon, 1906. 17 p. 997

Bouvy, Eugène, ed. Une lettre de Voltaire à l'abbé Pezzana (1770). *R H L* 6:133, 1899. 998

Ein brief Voltaires. *Beilage Allg Z* 1885, 4:4115, 8 okt. 999

Broc, le vicomte de. Le style épistolaire. Paris, Plon-Nourrit, 1901. 291 p. (*cf*. p. 231-80). 1000

Une brochure de 1767: Des Barreaux et Pierre Du May (lettre de Voltaire à l'abbé d'Olivet). *Intermédiaire* 56:55; 58:421-22, 20 juillet 1907, 20 sept. 1908. 1001

Calmettes, Pierre. Choiseul et Voltaire d'après les lettres inédites du duc de Choiseul à Voltaire. Paris, Plon-Nourrit, 1902. 307 p. 1002

——Une correspondance de Choiseul et de Voltaire. *R D M* 5. pér., 7:406-45, 15 janv. 1902. 1003

Caussy, Fernand, ed. Une correspondance inédite de Voltaire et du président Hénault. *Correspondant* 234:590-602, 10 fév. 1909. 1004

——Lettres de Marin à Voltaire, datées entre 1765 et 1777. *Mercure* 72:637-52, 16 avril 1908. 1005

——Lettres à Jacob Vernes, ministre du Saint-Evangile. *R P L* 51¹:289-93, 321-22, 356-58, 8, 15, 22 mars 1913. 1006

——Lettres à M. M. de Florian. *R P L* 49¹:385-90, avril, 1911. 1007

——Lettres à sa nièce. *R P L* 48²:737-41, 776-80, 10, 17 déc. 1910. 1008

——Lettres à Thiériot. *R P L* 47²:417-20, 459-61, 2 9 octobre, 1909. 1009

——Lettres de Voltaire à Maupertuis. *R P L* 46¹:513-15, 25 avril 1908. 1010

——Lettres du prince de Ligne à Voltaire. *R Paris* 1907, 2:729-40, 15 avril 1907. 1011

——Lettres inédites. *Correspondant* 244:650-73, 25 août, 1911. 1012

——Lettres inédites à Lekain datées entre 1764 et 1774. *Mercure* 78:443-53, 1 avril 1909. 1013

——Lettres inédites de Thiériot à Voltaire. *R H L* 15: 131-61, 340-51, 705-21, 1908; 16:160-80, 1909. 1014

——Lettres inédites de Voltaire à Collini et à Marin. *R H L* 17:802-22, 1910. 1015

——Lettres inédites de Voltaire à Panckoucke (une douzaine environ au sujet d'un dictionnaire de Panckoucke et de la collaboration de Voltaire au J. de politique et de littérature inauguré par Panckoucke.) *Mercure* 84:83-94, 1 mars 1910. 1016

——Lettres inédites de Voltaire au libraire Lambert. *R H L* 16:798-819, 1909. 1017

——Lettres sur les dimes. *R Paris* 16:266-86, 619:35-15 juil. 15 août 1909. 1018

——Voltaire seigneur féodal: Ferney. *R Paris* 1907, 4: 49-77. 1. août 1907. 1019

Cayrol, et François, Alphonse, ed. Lettres inédites de Voltaire. Paris, Didier, 1856. 2 v. 1020
    Reviewed in *Living Age* 51:676-83, 13 Dec. 1856; by John Parton in *N Amer R* 100:347-89, Apr. 1865, and by C. A. Sainte Beuve in Causeries du lundi. 3. éd. Paris, Garnier, 185—. 15 v. 13:1-38.

Charlier, Gustave. Voltaire à Francfort, d'après des lettres inédites. *R Belge Phil H* 4:301-16, avril-sept. 1925. 1021

Charrot, Ch. Cinq lettres inédites de Voltaire trouvées à Besançon. *R XVIIIe S.* 1:448-53, oct-déc. 1913. 1022

——Quelques notes sur la "Correspondance" de Voltaire. *R H L* 19:170-200, 653-92, 1912; 20:167-93, 679-709, 1913. 1023

Choisy, A. ed. Lettres inédites de Voltaire. *Bull S H Arch Genève* 3:405-17, 1913. 1024

Colet, Mme. L., ed. Lettres inédites de Mme du Châtelet. *R D M* n. s. 11:1011-1053, 15 sept. 1845. 1025

Coquerel, Athanase, fils, ed. Voltaire. Lettres inédites sur la tolérance, avec introduction et notes. Paris, J. Cherbuliez, 1863. 308 p. 1026

Corpechot, Lucien, ed. Voltaire à Ferney (3 lettres adressées au prince de Condé aux sujet des horlogers de Ferney). *Correspondant* 2. sér., 159:678-685, 25 mai 1899. 1027

La Correspondance de Voltaire (lettres du roi Prusse à Voltaire). *Intermédiaire* 31:524, 20 mai 1895. 1028

Correspondance de Voltaire. *Intermédiaire* 47:609, 709, 30 avril, 10 mai 1903; 65:642, 716, 762, 20-30 mai, 10 juin 1912; 88:529, 650, 20-30 juin, 10-30 août 1925. 1029

Courtat, Félix, ed. Les vraies lettres de Voltaire à l'Abbé Moussinot publiées pour la première fois sur les autographes de la Bibliothèque nationale. Paris, A. Lainé, 1875. 239 p. 1030

Delaruelle, L. Note sur une lettre de Voltaire. (adressée au Dr. Bianchi à Rimini, qui se trouve dans l'éd. Moland, Cor t. 9 p. 573.) *R H L* 18:415, 1911. 1031

——Pour contribuer à l'annotation de la Correspondance de Voltaire. *R H L* 21:183-87, 1914. 1032

Dellas, E. Mgr. de Montillet et Voltaire: deux lettres de ce prélat à retrouver. *R Gascogne* 34:72-73, 1893. 1033

Deux lettres inédites de Voltaire à Wagnière. *Intermédiaire* 18:254-56, 25 avril 1885. 1034

Droysen, Hans. Unvorgreifliche bemerkungen zu dem briefwechel zwischen Friedrich dem Grossen und Voltaire. *Z Fr Spr L* 28:169-90, 1905. 1035

Duchemin, Marcel. L'Affaire Voltaire-Jore (libraire). Trois documents inédits (lettre de Jore à Voltaire, réponse de Voltaire, et réponse de Jore, 1759). *R H L* 8:676-680, 1908. 1036

Dufour, Edouard, ed. Lettres inédites de Voltaire à Jacob Vernes. *R H L* 19:895-98, 1912. 1037

Estrée, Paul d'. Les surprises d'une perquisition (chez l'abbé Panage). Lettres inédites de Voltaire, quatre lettres à la comtesse de la Neuville. *R H L* 13:332-36, 1906. 1038

73

Fallex, E., éd. Lettres choisies de Voltaire précédées d'une préface, accompagnées de notes et d'éclaircissements et suivies d'une table analytique. 2. éd. Paris, C. Delagrave, 1882. 2 v. 1039

Favre, et Pictet, Ed., ed. Lettres inédites de Voltaire à Louis Necker et à J. A. de Luc. *Bull S H Arch Genève* 1 :212-20, 1892. 1040

Foisset, Joseph Théophile, ed. Voltaire et le Président de Brosses. Correspondance inédite suivie d'un supplément à la Correspondance de Voltaire avec le Roi de Prusse et d'autres personnages, publiées d'après les lettres autographes avec des notes par M. T. F. Paris, Didier et Cie., 1858. 396, 163 p. 1041

Foulet, Lucien. Correspondance de Voltaire (1726-29)— La Bastille—L'Angleterre—Le retour en France. Paris. Hachette et Cie., 1913. 321 p. 1042
Review by Jean Acher in *Z Fr Spr L* 42:169-88, 1914.

Frossard, Ch., ed. Affaire de Calas, une lettre inédite de Voltaire. *Bull S H Pr* 17 :398, 1868. 1043

——Rousseau et Voltaire et l'affaire Calas. Une lettre inédite de Rousseau et dix-neuf de Voltaire . . . *Bull S H Pr* 4 :239-49, 542-46, 1856. 1044

Galiani, abbé F. Lettres à Madame d'Epinay, Voltaire, Diderot, etc., publiées par Eugène Asse. Paris, Charpentier, 1881. 2 v. 1045

Gaudier. Notes sur des lettres inédites et sur les funérailles de Voltaire (1778). Publiées dans le Procèsverbal de la séance du 31 mars 1870 dans les *Ann Ac Macon* 10:118-132, 1872. (Lettres p. 118-125, funérailles, p. 125-32). 1046

Gauthiers-Villars, Henry, ed. Correspondance inédite de Voltaire. *Grande R* 2¹:493-517, 1898. 1047

Geiger, Ludwig. Ein Brief Voltaires an Friedrich II. *Beilage z Allg Z* 11 Aug. 1893, p. 5-6. Reprinted in *R H L* 1 :77-79, 1894. 1048

Gothien, Eberhard. Briefe Voltaires an den Kurpfälzischen Minister Baron von Beckers. *Z Gesch Oberrheins* 41 :273-87, 1886. 1049

Grouchy, vicomte de, ed. Lettres inédites de Voltaire à M. et Mme. Elie de Beaumont (1764-1776). *N R Rétrosp* 6 :217-40, 10 avril 1897. 1050

HAASE, Gustav. Die Briefe der Herzogin Luise Dorothee von Sachsen-Gotha an Voltaire. *Archiv H* 91:405-26; 92:1-38, 145-79, 367-410, 1893-94.　　　　1051

HAUPT, Hermann. Voltaire und Johann-Erasmus von Seuckenberg, ein ungedruckter briefwechsel. *Deutsche R* 28²:331-39, Juni 1903.　　　　1052

HENRY, Charles. Voltaire et le cardinal Quirini. Paris, Dentu, 1887. 94 p.　　　　1053

HETTIER, Charles, ed. Une lettre inédite de Voltaire. *Mém Ac Caen* 1905, p. 149-62.　　　　1054
Review by Gustave Lanson. *R H L* 12:719, 1905.

HEYDT, Karl von der, ed. Briefwechsel Voltaires und d'Alemberts mit Professor Allamand. *In* Festgabe für Wilhelm Crecelius. Elberfeld, Sam. Lucas, 1881. p. 220-22.　　　　1055

HORN, Georg. Voltaire und die Markgräfin von Baireuth. Berlin, R. V. Decker, 1865. 197 p.　　　　1056
Review of Eng. tr. London, D. Scott, 1888. 184 p. in *Spectator* 61¹:756, 2 June 1888.

KERN, F. Ungedruckter brief Voltaires. *Würt Land Gesch* 1903, 2:149-51.　　　　1057

KOSER, Reinhold. Ein brief Friedrichs des Grossen an Voltaire von 1757. *Hohenz Jahrb* 3:136-41, 1899　1058

——Briefe Voltaires über seine uebersiedelung nach Preussen, 1750. *Forsch Brand P Gesch* 1:225-29, 1888.　　　　1059

——Ueber eine sammlung von originalbriefen Friedrichs des Grossen an Voltaire. *Sitz K Preuss Akad* Phil-Hist. Klasse 1906, no. 25, p. 505.　　　　1060

——und DROYSEN, Hans, ed. Briefwechsel Friedrichs des Grossen mit Voltaire. Leipzig, S. Herzel, 1908, 1909, 1911. (Publikationen aus den K. preussichen staatsarchiven, 81, 82, 86 band). (1. teil: Briefwechsel des Kronprinzen Friedrich, 1736-1740. 2. teil: Briefwechsel König Friedrichs, 1743-1753. 3. teil: Briefwechsel König Friedrichs, 1753-1778.)　　　　1061

LANSON, Gustave, ed. Sept lettres inédites de Michel Servan à Voltaire (1766-70). *R H L* 15:14-29, 1908.　　　　1062

LA PLAGNE BARRIS, Cyprien, et COUTURE, L., ed. Un curé de Cazaux-Pardiac: lettre de Voltaire à Mlle. Clairon en faveur de l'abbé Doliac. *R Gascogne* 32:76-80, fév. 1891.　　　　1063

75

LATREILLE, C. ed. Une lettre inédite de Voltaire. *R H L* 17:616, 1910. 1064

LEGER, Louis, ed. Lettre inconnue de Voltaire publiée d'après *Casopis pro moderni filologii*. *J Savants* n. s. 10:129-30, mars 1912. 1065

Lettre à M. de Voltaire par un gentilhomme et un de ses amis. *Nouvelle R* 119:131-34, 1 juil. 1909. 1066

Lettre de Mme. d'Argental sur Voltaire. *Intermédiaire* 66:38-40, 10 juil. 1912. 1067

Lettre de Voltaire à M. l'abbé Asselin. *R Rétrosp 2.* sér., 7:319-21, 1836. 1068

Lettre de Voltaire à Machaut contrôleur-général à l'occasion de l'impôt du vingtième. Paris, 1829. 17 p. (Société des bibliophiles français, Mélanges). 1069

Lettre de Voltaire à M. Jeanmaire, receveur des domaines de S. A. S. le duc de Wurtemberg, à Montbéliard, le 28 juin 1765. *Carnet H* 5:318, 15 avril 1900. 1070

Lettre de Voltaire à Mme. Marron. *Intermédiaire* 52: 473-74, 30 sept. 1905. 1071

Lettre de Voltaire à Rameau. *Ménèstrel* 77:290, 16 sept. 1911. 1072

Lettre de Voltaire à M. Séguy. Paris, Firmin Didot, 1827. 7 p. (Société des bibliophiles français, Mélanges, 1827.) 1073

Lettre de Voltaire à M. Tiriot. *Intermédiaire* 32:483, 10 nov. 1895; 33:724, 10 déc. 1896; 35:275-6, 28 fév. 1897. 1074

Lettre de Voltaire, (qui donne la physionomie belliqueuse de la France à l'événement de Louis XV.) *Intermédiaire* 45:606, 20 avril 1902. 1074a

Lettre de Voltaire (1745) relative à son Histoire de Pierre Ier adressée au comte d'Albion . . . publiée pour la première fois dans un journal russe de Moscou en 1807 et omise dans toutes les éditions des Œuvres complètes de Voltaire, suivies de notes bibliographiques. Paris, Lange Lévy et Cie., 1839. 11 p. 1075
Review in *Temps* (Paris) 14 avril 1839.

Lettre inconnue de Voltaire sur la prononciation. *Intermédiaire* 27:439-40, 20 avril 1893. 1076

Lettre inédite de Voltaire à M. Havé datée du 24 mai 1776 à Ferney. *Intermédiaire* 20:158-59, 10 mars 1887.
1077

Lettre inédite de Voltaire au Cardinal Fleury. *Intermédiaire* 68:854-56, 30 déc. 1913.
1078

Lettre sur Fréron et le duc de Choiseul. (Lettre inédite de Voltaire à d'Argental) *Intermédiaire* 86:87-88, 102-04, 20-30 janv., 10 fév. 1923; 87:31, 10 janv. 1924.
1079

Lettres de Frédéric à Voltaire. *Intermédiaire* 54:553, 20 oct. 1906.
1080

Lettres de Voltaire. *Intermédiaire* 73:46, 170, 257, 20-30 janv., 20-29 fév., 20-30 mars 1916.
1081

Lettres de Voltaire, classées inexactement 1745 et 1767. *Intermédiaire* 1:144, 25 juil. 1864.
1082

Lettres de Voltaire et de Jean-Jacques Rousseau à C. J. Panckoucke. Paris, C. L. F. Panckoucke, 1828. 10 p.
1083

Lettres de Voltaire relatives à son séjour dans le IVe arrondissement. *Cité* 2:355-59, avril-juin 1903.
1084

Lettres et billets à l'époque de son retour de Prusse en France en 1753. Paris, 1867. 31 p. (Société des bibliophiles françois. Mélanges 2. partie 1867).
1085

Lettres inédites de Voltaire. *Correspondant* 6:395-410. 1844.
1086

Lettres inédites de Voltaire au baron de Monthou. *Intermédiaire* 87:41, 20-30 janv. 1924; 88:149-51, 20-28 janv. 1925.
1087

Lettres secrètes inédites de Voltaire. *Grande R* 65:673-96, 25 fév. 1911.
1088

Lettres sur le sel. *Grande R* 71:690-702, 25 fév. 1912.
1088a

Lion, Henri. Un magistrat homme de lettres au XVIIIe siècle: le Président Hénault, 1685-1770. Sa vie, ses œuvres . . . avec une appendice des lettres inédites de Voltaire au Président Hénault. Paris, Plon-Nourrit, 1903. 446 p. (*cf.* p. 413-41).
1089

Mahrenholtz, R. Zur korrespondenz Voltaires. *Z Fr Spr L* 4:248-80, 1882.
1090

MAILLEFER, P., ed. Voltaire et Allamand, (une correspondance). *R H Vaud* 5:300-10, 321-32, 353-65, oct., nov., déc., 1898. 1091

MANGEART, J., ed. Lettre de Scipion Maffei à Voltaire traduite pour la première fois avec notes. *Mém S Agr Valenciennes* 3:155-204, 1841. 1092

MANGEOT, Georges. Une lettre inédite de Voltaire avec commentaire. *Pays Lorrain* 8:193-205, 20 avril 1911. 1093

MESLIER, Jean. . . . La religion naturelle, précédée de la correspondance de Voltaire et d'Alembert sur l'œuvre du curé Meslier . . . Paris, Librarie anti-cléricale, 1881. 229 p. (Collection Léo Taxil) (*cf.* p. 5-10.) 1094

MEUNIER, Dauphin. La comète de Halley, une lettre inconnue de Voltaire à Clairaut. *Figaro* 20 mai 1910, suppl. litt. 1095

MICHON, L. Quelques lettres inédites de Voltaire créancier du duc de Würtemberg, une étude. *Mém Ac Nancy* 6. sér., 9:174-230, 1911-1912. 1096

*MIELCAREZYK, Georg. Voltaire und d'Alembert. Ihr zusammenwirken auf grund ihres briefwechsels geschildert. Königsberg, Phil. diss., 9 März 1923, 119 p. typewritten. Abstract in: *Jahrb Phil Fak Königsberg* 1922, p. 128. 1097

MOULIN, Henri, ed. Voltaire et le premier président Fyot de la Marche; la Marquise du Châtelet, le président de Brosses; les Calas; Marie Corneille; les Fyot de la Marche; lettres inédites. Caen, Le Blanc-Hardel, 1885. 69 p. (Ext. *Mém Ac Caen* 1885 p. 185-250.) 1098

NOLHAC, Pierre de. Sur une lettre italienne de Voltaire. *In* Studi critici in onore di G. A. Cesareo. Palermo, Gaetano Priulla, [1924]. 489 p. p. 301-04. 1099

NOURY, J., ed. Voltaire inédit: billets à Cideville; une contrefaçon de ses œuvres à Rouen, la correspondance de Madame du Châtelet avec Cideville et de Cideville avec Voltaire. *Bull H Phil* 1894, p. 352-66. 1100

PATTERSON, Shirley Gale, ed. A letter of Voltaire. *Mod Lang N* 27:125-26, Apr. 1912. 1101

PÉLISSIER, Léon-Gabriel, ed. Lettres de divers écrivains français. *Bull Bibl* 1906, p. 130-32, 222-24, 15 mai, 15 juin. 1102

Piot, E. Voltaire et Gravelot. Lettres inédites et fragments relatifs à l'édition du Théâtre de P. Corneille. Paris, Cabinet de l'amateur, 1863. 12 p.　1103

Pinot, Virgile. A propos d'une lettre de Voltaire. *R H L* 22:233-35, 1915.　1104

Pitollet, Camille, ed. Deux lettres inédites de Voltaire à s'Gravesande. *R H L* 14:552-54, 1907.　1105

Pommier, J., ed. Lettres inédites à M. et Mme de Monthou. *R Paris* 32¹:510-26, 1 fév. 1925.　1106

Rambaud, Alfred. Catherine II et ses correspondans français: Voltaire et Falconet. *R D M* 231:570-604, 1 fév. 1877.　1107

Rathery, E. J. B. Lettres de Voltaire et l'impératrice Catherine II, communication de M. Lestrade. *R S Sav Dép* 4. sér., 1:125, 175-77, 1865.　1108

Rebord, Ch., ed. Correspondance de Mgr. Biord avec Voltaire. *R Savois* 69:19-23. janv.-mars 1922.　1109

Révillout, Ch. Voltaire et le duc de Richelieu, leurs relations avant le mariage du duc avec Mlle de Guise (1718-1734), étude chronologique et littéraire à propos de la première lettre connue écrite par Voltaire à Richelieu. *R Langues R* 33:528-81, 1889.　1110

Richemond, Louis de. Après la révocation de l'Edit de Nantes, Voltaire et la liberté de conscience. Lettres inédites (de Voltaire, d'Alembert, Marmontel, Necker, Buffon, et Bailly.) *Ann Ac La Rochelle*, section de littérature, 1885, p. 165-74.　1111

Ritter, Eugène. Une lettre de Voltaire, (Moland 179). *R H L* 14:728, 1907.　1112

——ed. Lettres inédites de Voltaire (six sont annexées au régistre du Conseil de Genève et une septième est conservée aux archives dans le numéro 4890 du Portefeuille de pièces historiques). *R H L* 8:143-50, 1901.
　1113

——Sur la date d'une lettre de Voltaire au duc d'Uzès, 1751. *R H L* 2:255, 1895.　1114

Romain-Cornut, M. Voltaire complice et conseiller du partage de la Pologne d'après sa propre correspondance, où l'on voit quel rôle jouèrent dans cette question la politique, la philosophie et l'église. 2. éd. Paris, le Coffre et Dentu, 1846. 42 p.　1115

ROOSBROECK, G. L. van. The date of a letter by Voltaire to M. de Formont. *In* Notes on Voltaire. *Mod Lang N* 39:1-10, Jan. 1924. 1116

——An unknown letter of Voltaire about J. J. Rousseau, addressed to de Luc. *Mod Lang N* 38:205-09, April 1923. 1117

ROSSEL, Frédéric, ed. Autour d'un prêt hypothécaire: Voltaire créancier du Würtemberg, correspondance inédite. *Mém S Em Montbéliard* 1908, p. 147-323. 1118

Rousseau et Voltaire et l'affaire Calas. Une lettre inédite de Rousseau et dix-neuf de Voltaire au sujet de la réhabilitation de Calas, 1761-75. *Bull S H Pr* 4:239-49, 1856. 1119

RUTHNING, G. von. Ein originalbrief Voltaires an den Baron von Bielfeld. *Jahrb Gesch Oldenburg* 16:442-44, 1908. 1120

SAINTE-AULAIRE, Marquis de, ed. Du Deffand, M. de V. E. Marquise. Correspondance inédite précédée d'une notice. Paris, Michel Lévy frères, 1859. 2 v. 1121

SAKMANN, Paul, ed. Eine ungedruckte Voltaire-correspondenz . . . mit einem anhang: Voltaire und das Haus Württemberg. Stuttgart, Fr. Frommanns, 1899. 163 p. 1122

SANTERRE, abbé., ed. Lettres de Voltaire à la princesse d'Orange (requête contre le libraire Pierre Jore). *R S Sav Dép* 5:452, 1858. 1123

SIEVEKING, A. Forbes. An English letter of Voltaire. *N & Q* 12. ser., 1:329-32, 22 Apr. 1916. 1124

STENGEL, E. Der briefwechsel Voltaires mit Landgraf Friedrich II von Hessen. *Z Fr Spr L* 1:231-32, 1879. 1125

——Ungedruckte briefe Voltaires an Friedrich den Grossen und an den Landgrafen von Hessen-Kassel nebst auszügen aus dem briefwechsel der Madame de Gallatin an den Landgrafen. *Z Fr Spr L* 7:71-96, 173-218, 1885. 1126

STEVENSON, W. B. A find of unpublished Voltaire letters, between Voltaire and Hirschel in Glasgow. *Tr Glasgow Arch S* 6:282-88, 1912. 1127

Sur une lettre inédite de Voltaire au comte André Chouvâlof. (du 25 déc. 1771) trouvée et publiée en janv. 1864. *Intermédiaire* 1:240, 30 sept. 1864. 1128

TALLENTYRE, S. G. Voltaire in his letters. **New York** and London, G. P. Putnam's sons, 1919. 270 p. 1129
Review by Ed. Gosse in *Living Age* 302:155-57, 19 July 1919.

TAMIZEY DE LARROQUE, Ph. Lettres inédites de Voltaire à Louis Racine. St. Etienne, Imp. Charles Roy, 1893. 21 p. (*cf. R. Latine,* 4:285-89. 25 mai 1905.) 1130

THIERIOT, A. Voltaire en Prusse. Paris, Fischbacher, 1878. 229 p. 1131

THOMAS, Louis. Lettres inédites à Turgot. *R P L* 5. sér., 4:353-55, 16 sept. 1905. 1132

TIEGHEM, P. van. Bayle ou Boyle? Une correction nécessaire à un texte de Voltaire. *R H L* 29:363-64, 1922. 1133

TRABUCCO, J. Du Deffand (Marquise de Vichy Chamrond). Lettres à Voltaire. Paris, Editions Bossard, 1922. 273 p. (Collection des chefs d'œuvre méconnus). 1134

TRÉVÉDY, Un sénéchal de Corlay (Barthélmy Georgelin), correspondant de Voltaire. *Mém S Ém C-du-Nord* 25:1-80, 1887. 1135

TRIBOLATI, Felice. Dell'epistolario inedito del Voltaire accademico della Crusca. *N Antol* 36:832-56, dicembre 1877. 1136

VAYSSIÈRE, A. Voltaire et le pays de Gex, lettres et documents inédits. Bourg, L. Grandin, 1876. 1137

VÉZINET, F. Quelques lignes inédites de Voltaire. *In* Mélanges offerts . . . à M. G. Lanson. Paris, Hachette, 1922. 534 p. p. 319-21. 1138

Voltaire prédicateur. *Carnet H* 6:479-80, 1900. 1139

WATTS, George B. Voltaire's correspondence with M. de Brus. *In* Notes on Voltaire. *Mod Lang N* 39:479-82, 1924. 1140

——Voltaire's correspondence with Bolliod Mermet. *In* Notes on Voltaire. *Mod Lang N* 39:479-82, 1924. 1141

WEGE, Bernhard O. Der prozess Calas im briefwechsel Voltaires. Berlin, R. Gaertner, 1896. 27 p. 1142

WEISS, N., ed. Une lettre inédite de Voltaire à Paul Rabaut du 16 mai 1767 (illustrée par un cliché représentant les armoiries de Voltaire). *Bull S H Pr* 40: 537-41, 1891. 1143

WORP, J. A. ed. Lettres de Voltaire, Buffon et de Malesherbes à G-M. Heerkens, médecin et homme de lettres hollandais. *R H L* 21:188-91, 1914. 1144

VI. CRITICISM OF INDIVIDUAL WORKS.

ALZIRE.

CHINARD, Gilbert. Le rêve exotique dans la littérature française. Paris, Hachette, 1913. 445 p. 1145

Traducteur ou traduit? *Intermédiaire* 5:593, 25 oct. 1869; 6:12, 10 janv. 1870. 1146

ARTÉMIRE.

ROOSBROECK, G. L. van. A prologue for Voltaire's "Artémire." *Phil Q* 1:137-41, Jan. 1922. 1147

LA BIBLE ENFIN EXPLIQUÉE.

CHAMPION, Edme. Doutes sur l'authenticité de l'ouvrage de Voltaire: "La Bible enfin expliquée." *Révol Fr* 48:481-9, juin 1905. 1148

Enfin Voltaire! *Intermédiaire* 4:209, 310, 10 mai, août-sept. 1867. 1149

BRUTUS

EIBEN, E. Brutus, tragödie von Voltaire. Dortmund, 1880. 17 p. 1150

LE CAFFÉ, OU L'ECOSSAISE.

Le Caffé, ou L'Ecossaise. *N & Q* 5. ser., 1:50, 114, 216, 317, 17 Jan., 7 Feb., 14 Mar., 18 Apr. 1874. 1151

NERI, Achille. Una fonte dell' Ecossaise di Voltaire. *Rass Bibl* 7:44-48, fév. 1899. 1152

CANDIDE

AULARD, A. Voltaire et le Canada. *Révol Fr* 64:53-56, janv. 1913. 1153

Candide (Part II). *N & Q* 12. ser., 6:296, 322, 343, 12, 19, 26 June 1920. 1154

Candide and the Quarterly review. *N & Q* 2. ser, 2:349, 398, 433. 1, 15, 29, Nov. 1856. 1155

CASTETS, F. Candide de Voltaire, Simplicius de Grimmelshausen et Candido dans l'Honnête courtisane de Decker et Middleton. *R Langues R* 48:481-91, 1905.
1156

Continuation of Candide. *N & Q* 2. ser., 2:229, 319, 398, 20 Sept., 18 Oct., 15 Nov. 1856; 3:38, 10 Jan. 1857. 1157

Une édition de Candide. *Intermédiaire* 45:901, 20 juin 1902. 1158

Édition originale de Candide. *Intermédiaire* 6:140, 215, 251-3, 285, 318, 10 mars, 10, 25 avril, 10, 25 mai, 1870.
1159

HENRIOT, Emile. La seconde partie de "Candide". *Temps* 17 fév. 1925. 1160

LEVASSEUR, E. Sur l'expression de Voltaire "quelques arpents de neige" employée à propos du Canada. *C-R Ac Sc M P* 143:108-14, 1895. 1161

MORIZE, André. Le Candide de Voltaire. *R XVIIIe S* 1:1-27, 1913. 1162

MORNET, Daniel. Les imitations du Candide de Voltaire au XVIIIe siècle. *In* Mélanges offerts à M. Gustave Lanson. Paris, Hachette, 1922. 534 p. p. 298-303. 1163

NATALI, G. Idee, costumi, uomini del settecento. Turin, Soc. tip. ed. naz., 356 p. (*cf.* p. 277-95). 1164

L'opinion de Voltaire sur le Canada. *C-R Ac Sc M P* 153:412-19, 1910. 1165

POMMIER, J. Notes sur les sources de Candide (non signalées par M. Morize. Sources de détails, possibles ou probables, non certaines, surtout pour la note 1). *Bull F L Strasbourg* 4. année no. 1. p. 14, nov. 1925.
1166

TASSE, Joseph. Voltaire, Mme de Pompadour et quelques arpents de neige. *Proc R S Canada* 10¹:121-48, 1892.
1167

Voltaire et le Canada. *Intermédiaire* 21:325, 439, 10 juin, 25 juil. 1888; 68:821, 30 déc. 1913; 69:292-96, 10 mars 1914. 1168

COMMENTAIRE SUR CORNEILLE.

LOLLIS, Cesare de. Polyeucte entre les mains de Voltaire, Baretti et Paradisi. Paris, Damscène Morgand, Edouard Rahir, suc. Librairie de la Société des Bibliophiles françois, 1913. 12 p. [Extrait des Mélanges offerts à M. Emile Picot, membre de l'Institut par ses amis et ses élèves]. 1169

SCHMITZ, Arnold. Le Commentaire de Voltaire sur Corneille. Erfurt, 1876. 23 p. 1170

LE COMTE DE BOURSOUFFLE.

BÖTTCHER, Erich. Der englische ursprung des Comte de Boursouffle. Rostock, Universitäts-buchdruckerei von Adlers erben, 1906. 87 p. 1171

Voltaire and Vanbrugh. *N & Q* 5. ser., 8:245, 29 Sept. 1877. 1172

LES CONTES EN VERS.

MARSAN, Eugène. Un Voltaire moins connu, celui des Contes en vers. *R Siècle* 1:385-96, 1 juin 1925. 1173

STUART, D. C. The sources of two of Voltaire's Contes en vers. *Mod Lang R* 14:177-81, Apr. 1917. 1174

LA DÉFENSE DE MILORD BOLINGBROKE.

Deux brochures de 1752. *Intermédiaire* 4:326, 394, oct.-nov., 25 déc. 1867. 1175

LE DISCOURS EN VERS SUR L'HOMME.

DUCHÂTEAU, O. Pope et Voltaire; an Essay on Man (1734), Discours en vers sur l'homme (1734-37). Greifswald, 1875. 54 p. Diss. 1176

Un vers de Voltaire. *Intermédiaire* 5:657, 25 nov. 1869; 6:14, 10 jan. 1870. (Le secret d'ennuyer est celui de tout dire.) 1177

AN ENGLISH NOTEBOOK.

CAZES, Jean, ed. Un carnet de notes de Voltaire trouvé à Pétrograd. *R U* 30:38-50, juin 1921. 1178

An English notebook of Voltaire. *English R* 16:313-20, Feb. 1914. (Caption title: This document . . . has been recently discovered in St. Petersburg.)　1179

Voltaire in England. *N & Q* 11. ser., 9:308, 353, 18 Apr. 1914.　1180

WHITE, Florence Donnell. A sentence from an English notebook of Voltaire's. *Mod Lang N* 31:369-71, June 1916.　1181

EPITRE SUR LA CALOMNIE.

ROOSBROECK, G. L. van. An early version of Voltaire's Epître sur la calomnie. *Néophilologus.* 8:252-56, 1923.　1182

ERYPHILE.

CONSTANS, Antony. An unpublished criticism of Voltaire's Eryphile. *P M L A* 38:859-68, Dec. 1923.　1183

ESSAI SUR LA POÉSIE ÉPIQUE.

CARDUCCI, Giosué. Studi, aggi e discorsi. Bologna, Zanichelli, 1898. (L'Ariosto e il Voltaire, p. 131-47.)　1184

COHN, Adolphe. Voltaire a-t-il écrit en anglais deux Essais ou bien trois? *In* Mélanges offerts à M. Gustave Lanson. Paris, Hachette, 1922. 534 p. p. 250-53.　1185

*MERIAN-GENAST, Ernst. Voltaires Essai sur la poésie epique und die entwicklung der idee der weltliteratur. Berlin, 1920. 290 p. typewritten MS. Abstract in: *Jahrb Phil Fak Leipzig* 1921, p. 62-64.　1186

ROOSBROECK, G. L. van. Variants of Voltaire's Stances sur les poètes épiques. *In* Notes on Voltaire. *Mod Lang N* 39:1-10, 1924.　1187

TEZA, E. Giudizi del Baretti e del Voltaire sopra alcuni versi dei Lusiadas. Livorno, tip. Raff. Giusti, 1899. 11 p.　1188

WHITE, Florence Donnell. Voltaire's Essay on epic poetry. Albany, Brendour, 1915. 168 p.　1189

ESSAI SUR LES GUERRES CIVILES EN FRANCE.

Voltaire. Essai sur les guerres civiles en France. *Intermédiaire* 65:358, 20 mars 1912. 1190

ESSAI SUR LES MŒURS.

CANET, Louise. Du Discours sur l'histoire universelle de Bossuet à l'Essai sur les mœurs. *Ann Ph Chrét* 165: 449-90, fév. 1913. 1191

CAUSSY, Fernand. Voltaire inédit. Le Chapitre des arts de l'Essai sur les mœurs. *R D M* 6. pér., 15:103-39, 1 mai 1913. 1192

CRANE, R. S., and WARNER, J. H. Goldsmith and Voltaire's Essai sur les mœurs. *Mod Lang N* 38:65-76, Feb. 1923. 1193

FARJENEL, Fernand. Voltaire et les Chinois. *R Hebd* 1910, p. 114-29. 6 août. 1194

HAGMANN, J. G. Über Voltaires Essai sur les mœurs. Leipzig, 1883, 68 p. 1195

JORDAN, Léo. Les manuscrits palatins de l'Essai de Voltaire. *R H L* 21:177-82, 1914 1196

PINOT, Virgile. Voltaire et la Chine. *Pos Mém D E* 1906, p. 317-23. (Chapitres 1, 2, 195 de l'Essai sur les mœurs.) 1197

ROGER. Voltaire et Henri IV. *Pos Mém D E* 1906, p. 352-58. (Chapitre CLXXIV de l'Essai sur les mœurs.) 1198

SALVIO, Alfonso de. Voltaire and Spain. *Hispania* 7:69-110, 157-64, March, May 1924. (Voltaire's treatment of Spain in l'Essai sur les mœurs. Essai sur la poésie épique, and minor works.) 1199

SCHNEIDER, Levy. Un Lyonnais oublié: l'abbé Andra. *R H Lyon* 7:321-47, 1908. (Andra a commencé un abrégé de l'Essai sur les mœurs, tome I. 1770) 1200

LA HENRIADE.

AILLAUD, l'abbé. La nouvelle Henriade, poëme héroïque en douze chants. Livraison première et unique. Observation sur la Henriade. Imprimées avec le premier chant de la Nouvelle Henriade. Montauban, de Croisilhes, 1827. 30 p. 1201

ALBRECHT, L. La Henriade de Voltaire mérite-t-elle ou non le nom d'épopée? Bentham, O-S, 1882. 20 p. (Wissenschaftliche beilage des 15. jahresberuchts des städt. Kathol. gymnasiums zu Benthen, O-S.)   1202

BOUVY, Eugène. Les origines italiennes de la Henriade. *R U Midi* 3:169-205, 15 mai 1897.   1203

BURGER, Emil. La Henriade de Voltaire. Breslau, 1873. 24 p. (Diss.)   1204

FAGUET, Emile. La Correspondance de Voltaire et la Henriade. *R C C* 9^1:584-93, 7 fév. 1901.   1205

——Voltaire poète. La Henriade. *R C C* 9^1:776-82; 9^2:8-16, 145-54, 258-66, 289-98, 7, 14 mars, 4, 18, 25 avril 1901.   1206

FIAMMAZZO, Antonio. Il Voltaire e l'Ab. Giovanni Marenzi. Primo traduttore italiano della "Henriade." Bergamo, Instituto italiano d'arti grafiche, 1894. 28 p.   1207

La Henriade; remarques signées: K. *Intermédiaire* 66: 7, 758-9, 10 juil. 10 déc. 1912.   1208

HERZER, Johann. Über Voltaires Henriade. Kremsier, 1876. 28 p.   1209

KERSTEN, Kurt. Voltaires Henriade in der deutschen kritik vor Lessing. Berlin, Mayer, 1914. 79 p. (Thesis, München).   1210

MARASCA, Alessandro. La Henriade del Voltaire, L'Enrico di Malmignati, poeta veneziano del secolo XVII, con notizie biografiche. Città di Castello, tip. Lapi, 1885. 80 p.   1211

NERI, Achille. Un traduttore della Henriade del Voltaire (Michele Bolaffi). *Rass Bibl* 7:233-34, 1899.   1212

OMONT, H. La Henriade de Voltaire et la Bibliothèque du Roi (1723). *Bull S H Paris* 19:175-76, 1892   1213

PLATE, Rudolf. Voltaire als epentheoretiker und dichter der Henriade. Danzig, Boenig, 1917. 235 p. (Inaug. diss.)   1214

PRATO, S. Tre passi della Divina Commedia nella Henriade e nella Pucelle d'Orléans del Voltaire. *G Dantesco* 1:566-76, 1893.   1215

Translation of Henriade. *N & Q* 3:330, 388, 485, 25 Apr. 17 May, 14 June 1851.   1216

Voltaire. La "Henriade". *Intermédiaire* 69:51, 119, 515, 20, 30 jan., 20 avril 1914. 1217

WUNDER, Emil. Über den epischen wert der Voltaire-schen Henriade. Lübeck, 1876. 23 p. 1218

ZUCCARO, Luigi. La Henriade de Voltaire. *In* his Studi letterati, Marinismo, Gongorismo e préciosité. Forli, 1897. p. 51-95. 1219

L'HISTOIRE DE CHARLES XII.

BOSSLER, Ludwig. Noch einmal Voltaire und seine Histoire de Charles XII. *Arch H* 52:473-74, 1874. 1220

——Voltaires glaubwürdigkeit in seiner Histoire de Charles XII. Gera, 1870. 35 p. 1221

DANIELSON, Johan Richard. Voltaire, Kaarle XII: neuhistoriankirjoittajana. . . Helsingissä, J. C. Frenckell, 1878. 51 p. 1222

GEFFROY, A. Le Charles XII de Voltaire et le Charles XII de l'histoire. *R D M* 84:362-90, 15 nov. 1869. 1223

GORCEIX, Septime. Les sources de Voltaire et la critique moldave pour le récit de la capture de Charles XII à Bender. *R H* 136:60-65, jan.-fév. 1921. 1224

HAGE, Otto. Über die glaubwürdigkeit Voltaires in seinem Charles XII. Füstenwalde, 1875. 34 p. 1225

HELLER. Über Voltaires Charles XII, n.p., 1870. p. 21-52. 1226

ZAURITZ, A. Über Voltaires Charles XII. 1870. 52p. 1227

L'INGÉNU.

Voltaire et les médecins, à propos de l'Ingénu. *Chr Méd* 21:15-18, jan. 1914. 1228

JEANNOT ET COLIN.

CASTE, L. Le collège d'Issoire d'après Voltaire et d'après les faits. *R Pédag* n. s. 60:517-22, 15 juin 1912. 1229

SARRAILH, Jean. Note sur une traduction espagnole de Jeannot et Colin. *R Litt C* 2:611-12, oct.-déc. 1922. 1230

LES LETTRES PHILOSOPHIQUES.

ASCOLI, Georges. Voltaire. Le voyage et les Lettres philosophiques. *R C C* 25²:274-87. 15 mai 1924. 1231

CAUSSY, Fernand. Voltaire et l'affaire des Lettres philosophiques. *R P L* 46²:25-28, 56-59, 4, 11 juil. 1908. 1232

LANSON, Gustave. Deux voyages en Angleterre: Voltaire et César de Saussure. *R H L* 13:693-97, 1906. 1233

——L'Affaire des Lettres anglaises de Voltaire, d'après des documents inédits. *R Paris* 1904, 4:367-86. 15 juillet. 1234

——Voltaire et les Lettres philosophiques: comment Voltaire faisait un livre. *R Paris* 1908, 4:505-33, 15 août. 1235

STUART, Donald C. A note on Voltaire's Lettres philosophiques. *Mod Lang N* 32:179-80, March 1927. 1236

LA LOI NATURELLE.

DELAFARGE, D. Une imitation probable de Montesquieu dans le poème de Voltaire sur la Loi naturelle. *In* Mélanges offerts....à M. Gustave Lanson. Paris, Hachette, 1922. 534 p. p. 254-57. 1237

Prière de Voltaire. *Intermédiaire* 21:227, 315, 25 avril, 25 mai 1888. 1238

Six vers d'un condamné à mort. *Intermédiaire* 11:735, 766, 10, 25 déc. 1878. 1239

MAHOMET.

BERNAYS, Michael. Schriften zur kritik und literaturgeschichte. Stuttgart, G. J. Göschen 1895. 4 v. (Der französische und der deutsche Mahomet, 1:99-361.) 1240

GRAUL, Josef. Goethes Mahomet und Tancred. Berlin, Louy, 1914. 148 p. 1241

GROSCHL, Karl. Die deutschen übersetzungen Voltairescher tragödien bis zu Goethes Mahomet und Tancred. Ein beitrag zur geschichte Voltaires in Deutschland. Prag, Bellmann, 1912. 127 p. 1242

IBERSHOFF, C. H. Bodmer's indebtedness to Voltaire. *Mod Phil* 23:83-87, Aug. 1925. 1243

LARROUMET, Gustave. Le vrai Mahomet. Mahomet. *R C C* 8²:600-09, 633-44, 14, 21 juin 1900. 1244

NAPOLEON Ier. Précis des guerres de César, écrit de M. Marchand, à l'Ile Sainte-Hélène sous la dictée de l'Empereur; suivis de plusieurs fragments inédits. Paris, Gosslin, 1836. 271 p. (...Observations sur la tragédie de Mahomet, par Voltaire, p. 245-53.) 1245

ROOSBROECK, G. L. van. Une parodie inédite du Mahomet de Voltaire: L'Empirique de Ch. S. Favart. Privately printed, 1923. 10 p. 1246

MÉROPE.

BOUVY, Eugène. La Mérope de Maffei en France et la Mérope de Voltaire en Italie; notes bibliographiques (sur leurs traductions). *Bull It* 2:198-200, 1902. 1247

LARROUMET, Gustave. Les tragédies de Voltaire. Mérope. *R C C* 8²:327-36, 3 mai 1900. 1248

Mérope et le Sorcier. Auteurs traînés sur le théâtre. *Intermédiaire* 13:159, 25 mars 1880. 1249

WENDT, Gustave. Die italienischen und französischen bearbeitungen der Mérope-fabel. Jena, 1876. 35 p. 1250

ZEIDLER, C. A. Mérope de Voltaire. Neumünster, 1873. 17 p. 1251

LE MONDAIN.

MORIZE, André. . . . L'apologie du luxe au 18e siècle et Le Mondain de Voltaire: étude critique sur Le Mondain et ses sources. Paris, H. Didier, 1909. 190 p. 1252

——Voltaire et Le Mondain. *R Phil Fr*, 22:41-52, Composition et publication du Mondain, bibliographie; 161-88, Texte critique et commentaire, 1908. 1253

LE MONOLOGUE DE CATON.

DESVOYES, Albert. Voltaire et Lamartine (Le Monologue de Caton et l'Immortalité). *R H L* 19:911-13, 1912. 1254

LA MORT DE CÉSAR.

BEHNE, H. F. T. Comparaison entre le Jules César de Voltaire et celui de Shakespeare. Rostock, 1872. 42 p. (Diss.) 1255

BRIESE, W. Julius Caesar und La Mort de César von Voltaire. *Z Fr Engl Unt* 15:253-69, 1916. 1256

COLLISCHONN, G. A.O. . . . Jacques Grevins tragödie Caesar in ihrem verhältnis zu Muret, Voltaire und Shakespeare. Marburg, N. G. Elwert, 1886. 86 p. (Ausgaben u. abhandlungen aus dem gebiete der romanischen philologie, 52). 1257

FÉLIX, Joseph. Monsieur de Voltaire républicanisé. (Sur la Mort de César jouée pendant la Révolution et remaniée). *Tr Ac Rouen* 1897-98, p. 149-173. 1258

GASTÉ, Armand. Voltaire et l'abbé Asselin: une première célèbre au collège d'Harcourt (La Mort de César, 11 août, 1735). Montpellier, Hamelin, 1901. 24 p. 1259

LARROUMET, Gustave. Shakespeare en France à l'époque de Voltaire. La Mort de César. *R C C* 8²:463-71, 24 mai 1900. 1260

MORF, Heinrich. Aus dichtung und sprache der romanen. Strassburg, Karl Trübner, 1903. (Die Cäsartragödien Voltaires und Shakespeares, p. 265-99.) 1261

PETERS, J. Ueber die Voltairesche übersetzung des Julius Caesar von Shakespeare. *Arch H* 47:241-58, 1871. 1262

PETKOVIC, Johan. Voltaires tragödie, La Mort de César verglichen mit Shakespeares Julius Caesar. Wien, 1907. (Siebenter jahresbericht über die K. staatsrealschule p. 3-21.) 1263

ROSA, L. de. Shakespeare, Voltaire et Alfieri e la tragedia Cesare. Camerino, Savini, 1900. 389 p. 1264

TRABAUD, Paul. Etude comparative sur le Julius Caesar de Shakespeare et le même sujet par Voltaire. *Mém Ac Marseille* 1888-92, p. 85-97. 1265

Une traduction espagnole illustrée de la Mort de César. *Intermédiaire* 37:102, 20 jan. 1898. 1266

ŒDIPE.

BRACK, Walther. Der Œdipe von Corneille und der des Voltaire. Marburg a. L., 1914. 42 p. Inaug.-diss Univ. Marburg. 1267

LENK, Bernhard. Der Œdipe des Voltaire. Jena, 1875. 38 p. 1268

WATTS, George B. Possible variants of Œdipe. *In* Notes on Voltaire. *Mod Lang N* 39:479-82, 1924. 1269

ORESTE.

MAGNIN, Charles. Reprise d'Oreste de Voltaire; Mlle.
Rachel. *R D M* 12:1077-82, 15 déc. 1845.   1270

L'ORPHELIN DE LA CHINE.

JORDAN, Leo. Voltaires Orphelin de la Chine in drei
akten nach der einzigen Münchener handschrift
(C.G. 426) mit einleitung der varianten der Münchener
handschrift (C. G. 427) und der drucke des fünfak-
tigen Orphelin nebst anmerkungen, zum ersten male
herausgegeben. Dresden, 1913. 231 p. (Gesellschaft für
romanische literatur, band 33).   1271
      Review by P. Sakmann in *Z Fr Spr L* 43:71-74, 1915.

PINOT, Virgile. Les sources de l'Orphelin de la Chine.
R H L 14:462-71, 1907.   1272

SANDMANN, Voltaires l'Orphelin de la Chine und
Murphys The Orphan of China. *Neuphil Zentralbl*
9²:257-61, 289-94, 321-29, Sept., Okt., Nov. 1895. 1273

SCHNEIDER, Louis. L'Orphelin de la Chine, tragédie de
Voltaire. *Gaulois* 7 déc. 1918.   1274

PHOENIX

PATTERSON, Shirley Gale. Source of Voltaire's Phoenix.
Mod Lang N 23:262-63, Dec. 1908.   1275

LE POUR ET LE CONTRE.

TERRACHER, A. Le Pour et le contre de Voltaire. *Mod
Lang N* 27:52-54, Feb. 1912.   1276

LA PUCELLE.

BAUER, Constantin. Eine unbekannte handschrift der
Pucelle d'Orléans von Voltaire. *Z Fr Spr L* 39:264-68,
1912.   1277

BLAZE DE BURY, Henri. Jeanne d'Arc dans la littérature,
poésie et vérité. *R D M* 3. pér., 69:584-618, 1 juin
1885.   1278

CHUQUET, Arthur, ed. Recollections of Baron de Frénilly,
peer of France (1768-1828); tr. by Frederic Lees.
New York, G. P. Putnam's Sons, 1909. 382 p. (Jeanne
d'Arc and La Pucelle, p. 225-27.)   1279

Dubled, J. L'Orlando furioso et la Pucelle de Voltaire.
  Bull It 11:287-315, 1911.   1280

Girardin, Saint-Marc. La Pucelle de Chapelain et la
  Pucelle de Voltaire. *R D M* 4. pér., 15:826-37, 15 sept.,
  16:691-703, 1 déc. 1838.   1281

Hasenow, Friedrich. Voltaire, Schiller und die Jungfrau
  von Orleans. *M L Auslandes* 69:314-17, 1866.   1282

Hebler, Carl. Philosophische aufsätze. Leipzig, Fues'
  Verlag (R. Reisland), 1869. 168 p. (Jeanne d'Arc bei
  Shakespeare, Voltaire und Schiller, p. 138-68.)   1283

Iconographie des éditions illustrées de La Pucelle de
  Voltaire. *Intermédiaire* 78:57, 176, 275, 10 août, 10
  oct., 10 nov. 1918; 79:270-72, 20-30 mars 1919.   1284

Kummer, C. F. Die Jungfrau von Orleans in der
  dichtung (Shakespeare, Voltaire, Schiller). Wien,
  Alfred Hölder, 1874. 41 p.   1285

Luce, Siméon. Les origines de la Pucelle de Voltaire.
  Correspondant 153:474-92, 10 nov. 1888.   1286

Mahrenholtz, R. Voltaires urteile über Jeanne d'Arc.
  Z Fr Spr L 14:116-26, 1892.   1287

Milchsack. Zur Wolfenbütteler handschrift der Pucelle
  d'Orléans von Voltaire. *Z Fr Spr L* 41:123-30, 1913.
                                                         1288

De l' opinion du XVIIIe siècle sur la Pucelle de Voltaire. *Intermédiaire* 10:483, 538-39, 566-68, 25 août,
  10, 25 sept., 10 nov. 1877.   1289

Rockel, Paul. Analyse raisonée de la Pucelle d'Orléans.
  Königliches Progymnasium zu Berent. 1903, p. 3-8.
  Program no. 26.   1290

Toldo, Pietro. Un rapporto a Benedetto XIV contra la
  Pucelle de Voltaire. Bologna, Stabilimentici poligrafi
  ruiniti, 1921. 16 p. (Rendiconto delle sessioni della R.
  Acad. delle Sci dell'istituto di Bologna, Classe di
  scienze morali. Serie II. 5:19-32.   1291
  see also nos. 1163, 1215.

SÉMIRAMIS.

Voltaire et la parodie de le Sémiramis. *Intermédiaire*
  14:446-7, 10 juil. 1881; 7:209, 258, 25 avril, 10 mai,
  1874.   1292

LE SIÈCLE DE LOUIS XIV.

BOURGEOIS, Emile. Introduction to Voltaire's Siècle de Louis XIV. Paris, Hachette, 1910, 892 p. p. V-LXIV. 1293

Example d'un des grands effets provenant de petites causes cité par Voltaire (chapitre XII du "Siècle de Louis XIV.") *Intermédiaire* 30:436-7, 30 oct. 1894. 1294

Histoire de Louis XIV de Voltaire. Document inédit publié par F. Caussy. *Gaulois* 27 déc. 1913. 1295

LANSON, Gustave. Notes pour servir à l'étude des chapitres 35-39 du Siècle de Louis XIV de Voltaire. *In* Mélanges offerts à Charles Andler. Strasbourg, Paris, Librairie Istra, 1924. 446 p. p. 171-95. 1296

PINGAUD, Léonce. Henri IV et Louis XIV. La légende et l'histoire. *R Q H* 46:169-204, 1. juil. 1889. 1297

LE SOTTISIER

LE DUC, L. A. ed. Le Sottisier de Voltaire publié pour la première fois d'après une copie authentique faite sur le MS. autographe conservé au Musée de l'Ermitage à Saint-Pétersbourg. Paris, Librairie des bibliophiles, 1880. 150 p. 1298

Le Sottisier de Voltaire. *Intermédiaire* 14:23, 10 janv. 1881 ; 13:673, 25 nov. 1880. 1299

LE TEMPLE DU GOUT

KRUGER, Erich. Voltaires Temple du goût. Berlin, J. Dreisner, 1902. 67 p. (Inaug-diss.) 1300

TANCRÈDE.

DESCHANEL, Emile. Le romantisme des classiques. Tancrède (de Voltaire). *Nouvelle R* 40:319-36, 15 mai 1886. 1301

LARROUMET, Gustave. Voltaire: Adélaïde du Guesclin, Tancréde. *R C C* 8²:692-703, 28 juin 1000. 1302

see also no. 1241, 1242.

LES VOUS ET LES TU.

Les Vous et les tu. *Intermédiaire* 8:357, 411-13, 438, 501, 25 juin, 10, 25 juillet, 25 août 1875.　　　　1303

ZADIG.

AMALFI, G.　Zwei orientalische episoden in Voltaires Zadig. *Z Ver Volks* 5:71-80, 1895.　　　　1304

ROOSBROECK, G. L. van.　On two sources of Zadig. *In* Notes on Voltaire. *Mod Lang N* 39:1-10, 1924.　1305

SEELE, F. W.　Voltaire's roman Zadig, eine quellenfor-schung. Leipzig, Rendnitz, 1891. 655 p.　　　　1306
see also no. 736.

ZAÏRE.

ARNDT, Richard.　Zur Entstehung von Voltaires Zaïre. Marburg, R. Friedrich, 1906. 54 p. (Dissertation)　1307

BERNARDIN, N. M.　Le théâtre de Voltaire. Zaïre. Con-férence faite à l'Odéon. *R C C* 22:659-72, 20 juin 1914.　　　　1308

BERTRAND, Edouard.　Shakespeare et Voltaire; étude sur l'expression de la jalousie dans Othello et Zaïre. *Ann U Grenoble* 8:223-56, 1896.　　　　1309

BOUVY, Eugène.　Zaïre de Voltaire et ses quinze traduc-tions italiennes. *Ann I H* 6:121-23, 1906.　　　1310

――Zaïre en Italie. *Bull It* 1:22-28, jan.-mars 1901. 1311

BRUNETIÈRE, Ferdinand.　A propos d'une reprise de Zaïre. *R D M* 3. sér., p. 90:695-704, 1 déc. 1888.　1312

DUBEDOUT, E. J.　Shakespeare et Voltaire; Othello et Zaïre. *Mod Phil* 3:305-16, Jan. 1906.　　　　1313

LARROUMET, Gustave.　Voltaire. L'influence de Shakespeare sur son théâtre. Zaïre. *R C C* 8²:260-68, 25 avril 1900.　　　　1314

Le nom de Zaïre. *Intermédiaire* 8:35, 84, 115, 146, 238, 361, 684, 25 jan., 10, 25 fév., 10 mars, 25 avril, 25 juin, 25 nov. 1875.　　　　1315

Sur une parodie de Zaire. *Intermédiaire* 36:721, 10 déc. 1897; 37:298, 357, 830, 28 fév., 10 mars, 10 juin 1898; 38:878, 20 déc. 1898. 1316

ROUSSEAU, J. B. Quelques lettres de la correspondance de Jean Baptiste Rousseau, deux de ses lettres à Voltaire sur la tragédie de Zaïre publiées par Maurice Hénault. Valenciennes, 1891. 7 p. 1317

ZULIME.

CASENAVE, Jean. Une tragédie mauresque de Voltaire: Zulime. *R Litt C* 5:239-45, avril-juin 1925. 1318

VII. VOLTAIRIANA.

A. ICONOGRAPHY.

Apothéose funéraire de Voltaire, exécutée par le peintre Goujet. *Intermédiaire* 85:619, 10-30 août 1922. 1319

Les Armes de Voltaire. *Intermédiaire* 4:295, août-sept. 1867; 5:43, 135, 382, 483, 25 jan., 10 mars, 10 juil., 25 août, 25 sept. 1869. 1320

B., G. Eine wiedergefundene Voltaire-büste von J. Antoine Houdon. *Cicerone* 4:478-80, 1912. 1321

BEDFORD, R. P. A recently discovered portrait bust of Voltaire. *Connoisseur* 61:79-82, Oct. 1921. 1322

Bust of Voltaire at Queen's College, Oxford. *N & Q* 8. ser., 9:444, 6 June 1896. 1323

Un buste de Voltaire à retrouver. *Intermédiaire* 11:292, 350, 2 mai, 10 juin 1878. 1324

CLOGENSON, Capitaine Pierre. Le dernier portrait de Voltaire. *R XVIIIe S* 1:318-19, juil.-sept. 1913. 1325

DEMOLE, Eugène. Le tir à l'oiseau de Ferney du 25 août 1775 à propos d'une médaille inédite de Voltaire. *R Suisse Numis* 15:257-270, 1909. 1326

DESNOIRESTERRES, Gustave. Iconographie Voltairienne; histoire et description de ce qui a été publié sur Voltaire par l'art contemporain. Paris, Didier, 1879. 160 p. 1327

FURCY-RAYNAUD. Buste de Voltaire et du maréchal de Saxe par Louis Philippe Mouchy. *Bull S H Art Fr* 1908, p. 74-76. 1328

Une Gravure de Voltaire. *Intermédiaire* 41:417, 512, 722 mars 1900. 1329

HAUSSONVILLE, Comte d'. La statue de Voltaire de Pigalle. (Notice lue à l'Académie française.) *Gaz Beaux-Arts* 3. pér., 30:353-70, 1 nov. 1903. 1330

B. CENTENARY.

Centenaire de Voltaire. L.·. les amis de la parfaite union. (Or.·. de Perpignan) Compte-rendu de la séance solennelle du 5 avril 1878 (E.·. V.·.). Perpignan, Typ. de l'Indépendant, 1878. 36 p.   1348

Le centenaire de Voltaire. *Intermédiaire* 11:257, 291, 10, 25 mai 1878.   1349

Il centenario della morte di Voltaire. *Civiltà C* ser. 10, 7:617-20, 27 agosto 1878.   1350

Centenary of Voltaire. *Dublin R* n. s., 31:1-12, July 1878.   1351

DUPANLOUP, F. A. P., évêque d'Orléans. Lettres aux membres du conseil municipal de Paris sur le centenaire de Voltaire. Paris, Société des bibliophiles, 1878. 175 p.   1352

DUTERTRE, Robert. Eloge de Voltaire, suivi de "Le Centenaire de Voltaire", discours maçonnique par Boué (de Villiers). Paris, Mme Marie Blanc; Evreux, A. Blot, 1877. 22 p.   1353

FÉLIX, le R. P. Joseph. Qu'est-ce que la Révolution? Suivi d'un Discours sur le centenaire de Voltaire. Paris, Téqué. 1879. (*cf.* p. 107-65.)   1354

FINLAY, T. A. Centenary of Voltaire. *I Monthly* 1878, 6: 397-411.   1355

FLOTTE, Baron Gaston de. Le centenaire de Voltaire. Marseille, Camoin, 1877. 90 p.   1356

FOUCART, Paul. Le Centenaire de Voltaire, conférence donnée à Paris à la bibliothèque populaire du IIIe arrondissement le 15 mai 1878. Paris, C. Marpou et F. Flammarion, 1878. 121 p.   1357

GASTINEAU, Benjamin. Centenaire de Voltaire. Voltaire en exil. Sa vie et son œuvre en France et à l'étranger, avec des lettres inédites de Voltaire et de Madame du Châtelet. Paris, Germer Baillière et Cie.; Bruxelles, C. Muquardt, 1878. 356 p.   1358

GUYOT, Y. Le centenaire de Voltaire. *Réf Écon* 10:449-56, 1878.   1359

HUGO, Victor. Voltaire. Paris, Calmann-Lévy, 1878. 22 p.   1360

L'infâme Voltaire. Marseille, Typ. E. Jouve et Cie., 1878.
32 p.   1361

MOHR, Louis. Les centenaires de Voltaire et de J. J.
Rousseau. Aperçu bibliographique. Bâle, 1880. 38 p.
                                                           1362

MOURA-[BOUROUILLOU, B.] le docteur. Voltaire et le
centenaire. (Portrait de Voltaire, l'Hotel d' Emilie, le
cabinet de travail du poëte, le Théâtre Traversière).
Paris, E. Dentu, 1878. 57 p.   1363

OBRIOT. Centenaire de Voltaire et Rousseau dédié à
Madame la Princesse de Hesse. Paris, Imp. Lubin et
Cie., [1877]. 4 p.   1364

PRESSENSÉ, E. de. Voltaire's centenary. *Cath Pres* 1 :36-
40, Jan. 1879.   1365

SAINTSBURY, George. An anniversary. *Fortnightly R* n.s.
23 :678-90, 1 May 1878.   1366

STOFFELS DE VARSBERG. Voltaire. Paris, Librairie de la
société bibliographique, 1878. 31 p.   1367

TALON, P. Publications sur Voltaire à l'occasion du
centenaire. *Polybiblion* 22 :481-87, juin 1878.   1368

Voltaire. Montpellier, typ. Grollier, [1878]. 4 p.   1369

Voltaire et le siècle révolu. *Intermédiaire* 11 :129-33, 161,
193, 289, 321-23, 10, 25 mars, 10 avril, 25 mai, 10 juin
1878.   1370

Voltaire, citoyen et ami du peuple. [Rouen, 1878]. 2 p.
                                                           1371

Voltaire, insulteur de la France et flatteur du roi de
France : Voltaire insulteur du peuple, partisan de la
tyrannie, ennemi de l'instruction populaire. Château-
roux, Typ. A. Nuret et Fils, [1878]. 1 p.   1372

Voltaire. Lettres au Conseil général de l'Ain. Bourg,
J.-M. Villefranche, 1878. 48 p.   1373

Voltaire peint par lui-même. Voltaire ennemi du peuple.
Voltaire ami des Prussiens. s.l., [1878 ?]. 1 p.   1574

C. LITERARY MISCELLANIES ABOUT VOLTAIRE.

ANCELOT et GUSTAVE. Madame du Châtelet, ou point de
lendemain, comédie en un acte en prose mêlée de
couplets. Paris, Barba, 1832. 43 p.   1375

AUGÉ DE LASSUS, L. Les grands maîtres unis en petites comédies: Corneille, Molière, Racine, Voltaire, Casimir Delavigne, avec une lettre de Camille Saint-Saëns. Paris, Ollendorff, 1894. 149 p. (Voltaire et Houdon, p. 109-19) 1376

BAZOT, E. F. Chansons maçonniques. Paris, Carré, 1838. 244 p. (cf. p. 89-92). 1377

BELLANI DELLA PACE, Cesare. Voltaire e il suo secolo. Commedia storica in cinque atti, corredata del giudizio di G. Vant e dell' esame critico sulla tragedia Pietro Guelandi del prof. G. Giulani. Firenze, Tip. di G. Polverini, 1878. 106 p. 1378

BEAUMONT, H. de. Deux épîtres à Voltaire suivies de Le Songe de Cydippe en vers. Meulan, Imp. A. Masson, 1887. 15 p. (cf. p. 1-10). 1379

BIDAL, Marie Joseph. Le dieu Voltaire, en deux parties. Toulouse, Auguste Souyeux, 1874. 48 p. 1380

CADOUDAL, G. de. Causeries. Rouen, Imp. E. Cagniard, s.d. 16 p. (extrait du journal l'Union du 6 mars 1867). 1381

CAYROL, L. N. J. J. de, ed. Voltaire étrangement défiguré, par l'auteur des Souvenirs de Mme. de Créqui. Compiègne, J. Escuyer, 1836. 31 p. 1382

CAXE, C. Three ghosts walk. Sewanee 31:281-84, July 1923. 1383

CHÉNIER, M. J. Epître à Voltaire, suivie des Coteries, satire par Alexis Lagard. Paris, Les marchands de nouveautés, 1826. 40 p. 1384

CLAUDIN, Gustave. Entrevus de M.A. de Voltaire et M.V. Considérant dans la Salle des Conférences du Purgatoire. Paris, Guédon, [1849]. 32 p. 1385

DUMERSAN et DUPIN. Voltaire chez les Capucins, comédie anecdotique en un acte mêlée de couplets. Paris, Barba, 1830. 41 p. 1386

FERTÉ, P. La statue de Voltaire qui la paiera? Songe d'une nuit d'été dedié à M. Sainte-Beuve. Paris, C. Douniol, 1868. 86 p. 1387

FOUCHER, Paul. La jeunesse de Voltaire, comédie en un acte, en vers. Paris, Librairie internationale, 1869. 35 p. 1388

GALLET, Valentin. La statue du dieu Voltaire. Paris, E. Dentu, 1867. 15 p.   1389

D'HENRIET, Ch. La statue de Voltaire. Paris, Chez tous les libraires, 1868. 21 p. (Extrait de la *Phil Positive* mai-juin 1868.)   1390

Humbug. Par un arrière-petit-neveu de l'abbé Bazin. Paris, un peu partout, 1867. 8 p.   1391

JAMIER, Ernest. À Voltaire. Paris, Jouve et Cie., 1914. 177 p.   1392

LACROIX. Epître à Voltaire. Bordeaux, Impr. Lavalle neveu, [1831]. 4 p.   1393

LAFITTE, J. P. B. et DESNOYERS, Ch. Voltaire et Madame de Pompadour, comédie. Paris, Barba, 1832. 49 p. 1394

LEPRÉVOST, Maurice. La statue de Voltaire. Paris, Ch. Blériot, 1867. 31 p.   1395

LURINE, Louis, et SECOND, Alberic. La comedie à Ferney, comédie en un acte et en prose. Paris, Librairie théâtrale, 1854. 42 p.   1396

MANGASARIAN, Mangasar Mugurditch. Voltaire in Hades. Report of a lecture delivered before the Independent religious society. Chicago, 1912. 20 p. (The Rationalist v. 1, no. 6)   1397

MÉGRET DE BELLGNY, de. À Voltaire. Bordeaux, Imp. Gounouilhou, [1885]. 3 p.   1398

MORICI, Giuseppe. L'Ombra di Voltaire e un sonetto attribuito al Pindemonte. *G Storico* 75:40-45, 1920.
                                                       1399

NERRIÈRE, le R. P. Voltaire et sa statue. Poëme en cinq chants dédié aux enfants du peuple. St. Laurent-sur-Sèvre, chez l'auteur, 1868. 52 p.   1400

OURRY, E. T. Maurice, et BRAZIER, Nic. Voltaire à Francfort, comédie anecdotique en un acte mêlée de couplets. Paris, Riga, Barba, 1831. 28 p.   1401

Pétition contre l'érection d'une statue à Voltaire sur une place publique. Limoges, Imp. Chapouland frères, [1869]. (Folio folded sheet printed on one page, unsigned.)   1402

POIREE, C. Une statue à Voltaire? Agen, 1867. 39 p.
                                                       1403

103

PRINCETEAU, Théodore. Cornélie, ou la pupille de Voltaire, comédie en un acte et en vers: (nouvelle proie de la censure théâtrale). Lyon, Impr. J. M. Barret, 1825. 67p. 1404

ROUX, Baron de. A Monsieur le Président et Messieurs les Membres de l'Assemblée nationale. Marseille, Typ. Marius Olive, [1874]. 3 p. 1405

SAINT-HILAIRE, pseud. (Demonval, A. E. de.) La jeunesse de Voltaire, ou le premier Accessit, comédie historique en un acte, mêlée de couplets. Paris, Bréauté. 1833. 72 p. 1406

SAINT-HILAIRE et SIMONIN. Un proscrit chez Voltaire, vaudeville anecdotique en un acte. Paris, Marchant, 1836. 55 p. 1407

Le secrétaire de Voltaire; nouvelle. Nouvelle extrait du *Journal de Genève* et imprimée dans le *National* du 25 déc. 1838. 1408

SIMON, John S. Wesley or Voltaire? (being the 13th of a series of lectures on "Is Christianity True?" delivered in the Central Hall, Manchester.) London, Chas. H. Kelley, [1904]. 24 p. 1409

SIMONNIN, J. B. La pantoufle de Voltaire, vaudeville en 2 actes. Paris, J. N. Barba, 1836. 28 p. 1410

Statues de Voltaire et de J. J. Rousseau par un ami de la vérité à ses compatriotes de Meymac et d'Ussel, à ses amis de Tulle et de Limoges. Limoges, Veuve H. Ducourteux, 1871. 149 p. 1411

La statue de Voltaire. Etude. Extrait du journal *Le Normand de Lisieux* du 20 avril 1867. 46 p. 1412

SWEET, Mrs. Elizabeth. Voltaire in the spirit world. New York, Hoyt, 18—. 18 p. 1413

TASSEY, l'abbé. Véritable portrait de Voltaire peint par lui-même, ou tableau des vices et des vertus du patriarche de Ferney d'après sa correspondance. Paris, Th. Olmer, 1878. 72 p. 1414

VILLENEUVE, de, et LIVRY, de. Voltaire en vacances. Comédie-vaudeville en 2 actes. Paris, Barba, 1836. 35 p. 1415

Voltaire à l'exposition universelle. Dialogues entre Candide et Philatète. Montpellier, Imp. Grollier, 1878. 82 p. 1416

104

Voltaire in the Crystal palace. *Blackwood's* 70:142-53, 1851. 1417

Voltaire on the fleet. *Spectator* 116:713, 10 June 1916. 1418

Voltaire parmi les ombres. *Intermédiaire* 20:252, 168, 25 avril, 25 mars 1887. 1419

WATRIPON, Antonio, (pseud. Croton-Duvivier). Voltaire turlupiné par Alexandre Dumas. Paris, Charles Nolet, 1855. 20 p. 1420

WINGFIELD, Lewis Strange. Despite the world: a new romantic play in two parts and four tableaux. London, E. J. Francis, 1874. 79 p. (This play is also called Voltaire's wager). 1421

D. ANECDOTES, VERSES AND SAYINGS.

À bas Voltaire. *Intermédiaire* 19:392, 10 juil. 1886; 20: 206-07, 10 avril 1887. 1422

L'Arbre de science, conte faussement attribué à Voltaire. *Intermédiaire* 2:545, 10 sept. 1865. 1423

BLACK, John A. Some Voltairean gleanings. *Scots* 19:341-46, Apr. 1897. 1424

Les "bougies" de Voltaire. *Intermédiaire* 4:232, 25 mai, 1867; 20:711, 10 déc. 1887; 21:61, 25 janv. 1888. 1425

Un cantique (attribué à Voltaire: "Notre bonheur n'est qu'en Dien" . . .). *Intermédiaire* 1:210, 254, 300, 20 sept., 10 oct., 10 nov. 1864. 1426

Ce que fut Voltaire. Clermont-Ferrand, Malleval, 1878. 32 p. 1427

Chanson. Rébus du XVIIIe siècle (Impromptu du Voltaire à des dames qui lui demandanent un hymne à la Vierge). *Intermédiaire* 1:99, 125, 140, 183, 15 juin, 15, 25 juil., 31 août 1864. 1428

CHAUVELOT, Barnabé. Voltaire au pilori. Paris, F. Bouquerel, 1867. 121 p. 1429

Confession de Voltaire (1775). *Intermédiaire* 1:274, 31 oct. 1864; 11:574, 25 sept. 1878. 1430

Un conseil de Voltaire. *Intermédiaire* 43:959, 1124, 7, 30 juin 1901. 1431

Cyclopædia of literary and scientific anecdote . . . London and Glasgow, Richard Griffin and Co., 1854. 368 p. (*cf.* index for anecdotes about Voltaire.) 1432

Deux vers de Voltaire. *Intermédiaire* 10:547, 597, 25 sept. 10 oct. 1877. 1433

Dr. Young & Voltaire (Epitaph). *N & Q* 2. ser., 8:197, 3 Sept. 1859. 1434

"Écrasez l'Infâme." *N & Q* 10:282, 425, 493, 7 oct., 25 Nov., 16 Dec. 1854. 1435

English verses by Voltaire. *N & Q* 6. ser., 8:68, 178, 474. 28 July, 1 Sept., 15 Dec. 1883. 1436

Epitaphe de Voltaire. *Intermédiaire* 33:242, 553, 29 fév., 10 mai 1896. 1437

Epitaphs on Voltaire. *N & Q* 3:518, 28 June 1851; 4:73, 114, 26 July, 16 Aug. 1851; 5:316, 3 Apr. 1852. 1438

Une expression de Voltaire. *Intermédiaire* 47:559, 707-09, 20 avril, 10 mai 1903. 1439

Le "Fanatisme" de Voltaire. *Intermédiaire* 39:637, 851, 7 mai, 7 juin 1899. 1440

Fitger, A. Eine Fabel von Voltaire. *Nation (Berlin)* 23:493-94, 5 mai 1906. 1441

Un frontispiece imaginé par Voltaire. *Intermédiaire* 15: 135, 10 mars 1882; 17:364, 26 juin 1884. 1442

La gageure de Voltaire de répondre à toutes les questions qu'on pourrait lui poser avec 10 vers de Virgile. *Intermédiaire* 34:18, 10 juil. 1896. 1443

Goldsmith and Voltaire (comparison of their epigrams). *N & Q* 7. ser., 3:227, 335, 358, 19 Mar., 23, 30 Apr. 1887. 1444

Goll, J. A. Lächeln Voltaires. *N Rund* 31:1311-14, Nov. 1920. 1445

"L'habit ne fait pas le moine" à propos de l'impromptu: "Frère ange de Charolais," de Voltaire. *Intermédiaire* 2:259, 317, 440, 10 mai, 25 juin, 25 juil. 1865; 8:525, 757, 10 sept. 25 déc. 1875; 14:679, 737, 794, 10 nov., 10, 25 déc. 1881. 1446

"Il y a quelqu'un qui a plus d'esprit que Voltaire, c'est tout le monde." (Prince du Tallyrand). *Intermédiaire* 17:376, 321, 438, 10, 25 juin., 25 juil. 1884. 1447

"J'ai vu" (pièce faussement attribuée à Voltaire). *Inter-médiaire* 16:589, 10 oct. 1883. 1448

KNOWLES, James. Voltaire and the Père d'Adam. (Anecdote of "Il faut vivre.") *N & Q* 3. ser., 2:504, 27 Dec. 1862; 3:36, 419, 10 Jan., 23 May 1863. 1449

LATOUR, Louis de. Voltaire et sa statue, ou Voltaire jugé par lui-méme. Paris, L. Hervé, [1867]. 29 p. 1450

LEFORT, Adrien, et BUQUET, Paul, ed. Les mots de Voltaire, avec une lettre de M. E. Renan. Paris, Henry du Parc, préf. 1886. 324 p. 1451

Lines attributed to Voltaire. The Unities. *N & Q* 2. ser., 10:494, 22 Dec. 1860; 11:234, 38, 23 Mar., 12 Jan. 1861. 2. ser., 11:313, 20 Apr. 1861. 1452

Le Madrigal de Voltaire. *Intermédiaire* 40:5, 223, 7 juil., 7 août 1899. 1453

Les Maronniers de Voltaire. *Intermédiaire* 27:368, 559, 10 avril, 20 mai 1893. 1454

MICHELSEN, Dr. Voltaire and the fair sex. *St. James's* 12:213-21, 1865. 1455

MONIN, H. C'est la faute à Voltaire, c'est la faute à Rousseau (Sur l'origine de ce refrain). *R H Révol Fr* 2:425-30, 1911. 1456

Opinion de Voltaire sur La Bletterie. *Intermédiaire* 79:238, 415, 20-30 mars, 10 mai 1919. 1457

"Les oreilles des bandits de Corinthe" (est-ce une œuvre anonyme de Voltaire?). *Intermédiaire* 62:9, 263, 10 juil, 20 août 1910. 1458

Où a-t-il dit: "Qui n'a pas l'esprit de son âge? *Inter-médiaire* 10:289, 339, 25 mai, 10 juin 1877. 1459

Les papiers de Thiériot sur Voltaire. *Intermédiaire* 65:594, 10 mai 1912. 1460

PINOT, Virgile. Voltaire et le docteur "chérubique". *R H L* 20:425-27, 1913. 1461

Un prétendu mot de Voltaire. *Intermédiaire* 46:896, 20 déc. 1902; 47:91, 20 janv. 1903. 1462

Prière de Voltaire: "Mon Dieu, délivrez-moi de mes amis; ie me charge de mes ennemis." *Intermédiaire* 16:450, 537, 589, 10 août, 10 sept. 1883. 1463

INDEX

111

113

H

117

118

O

Oberlin, J. J., 559
Obriot, 1364
Obser, K., 380
Odéon, 1308
Œdipe, 1267-69
Oeftering, M., 936
Olivet, abbé d', 569, 1001
Olivier, J., 420
Olivier, J. J., 669
Omont, H., 624, 1213
Orange, princesse d', 1123
Ordinaire, O., 149
Oreste, 1270
Origène, 896
Orlando Furioso, 1280
Orphelin de la Chine, 1271-74
Osseville, Mme d', 261
Othello, 1309, 1313
Oulmont, C., 670
Ourry, E. T. M., 1401

P

Pailleron, M. L., 268
Panage, abbé, 1038
Panckoucke, C. J., 1016, 1083
Panthéon, 536, 537, 541, 549,
    550, 568, 571, 576, 579, 581,
    583, 587, 589
Paradisi, 1169
Paris, 32, 157, 447, 552, 606,
    613, 622, 995, 1084, 1352,
    1357
Parton, J., 150, 240, 1020n
Pascal, B., 802, 928
Patterson, S. G., 1101, 1275
Pattison, M., 494n, 495n
Pauli, G., 1336
Pecis, 944
Peers, E. A., 688
Peignot, G., 26
Peiser, G., 381
Pélissier, L. G., 1102
Pellissier, G., 662n, 808
Perey, L., 412
Perpignan, 1348
Peter, M., 468
Peters, J., 1262
Petkovic, J., 1263
Pezzana, 944, 998
Philatète, 1416
Phillips, C., 1337
Phoenix, 1275
Picot, E., 1169
Pictet, E., 1040
Pierre le Grand, 23, 726, 1075
Pierron, A., 242
Pietro Guelandi, 1378
Pigalle, 1330, 1335

Pilon, E., 214, 269, 270
Pindemonte, 1399
Pingaud, L., 937, 1297
Pingault, E., 151
Pinot, V., 1104, 1197, 1272,
    1461
Pinzani, F. L., 810
Piot abbé, 316
Piot, E., 1103
Pitollet, C., 1105
Plate, R., 1214
Poggio, C. di, 811
Poirée, C., 1403
Poitou, 200
Poland, 1115
Polès, S., 27
Polyeucte, 1169
Pommier, J., 1106, 1166
Pompadour, Mme de, 331, 332,
    1167, 1394
Pompery, E. de, 152, 153
Pompignan, L' de, 916
Ponsonby, Arthur, 154
Ponsonby, D., 154
Pope, A., 919, 1176
Popper-Lynkeus, J., 155, 812
Porée, Charles, 236
Postel, V., 813
Potsdam, 630
Pouilly, L. de, 298
Poupin, V., 814
Pour et le contre, 1276
Power, M. A., 580
Prades, abbé de, 356
Prato, S., 1215
Pressensé, E. de, 382, 1365
Prévot-Leygonie, 243
Price, W. R., 736
Prie, Mlle de, 247
Princeteau, T., 1404
Proal, L., 938
Proesler, H., 725
Prussia, 336, 337, 1059, 1085,
    1131
Prusse, reine de, 985
Pucelle, 1215, 1277-92

Q

Queen's College, 1323
Quérard, J. M., 28, 469
Quirini, cardinal, 1053

R

Rabany, C., 939
Rabaud, C., 512, 513
Rabaut, P., 1143
Rachel, Mlle., 1270
Racine, J., 638, 647, 674, 1376
Racine, L., 1130
Rae, W. F., 816

120

121

123